www.ingramcontent.com/pod-product-compliance
Lightning Source LLC
LaVergne TN
LVHW020447070526
838199LV00063B/4866
9789358725155

کارخانۂ قدرت کے

حیوانات

(مضامین)

ڈاکٹر عزیز احمد عرسی

© Dr. Azeez Ahmed Ursi
Kaarkhaana-e-Qudrat ke Haivaanaat (Essays)
by: Dr. Azeez Ahmed Ursi
Edition: March '2024
Publisher :
Taemeer Publications LLC (Michigan, USA / Hyderabad, India)

ISBN 978-93-5872-515-5

مصنف یا ناشر کی پیشگی اجازت کے بغیر اس کتاب کا کوئی بھی حصہ کسی بھی شکل میں بشمول ویب سائٹ پر اَپ لوڈنگ کے لیے استعمال نہ کیا جائے۔ نیز اس کتاب پر کسی بھی قسم کے تنازع کو نمٹانے کا اختیار صرف حیدرآباد (تلنگانہ) کی عدلیہ کو ہو گا۔

© ڈاکٹر عزیز احمد عرسی

کتاب	:	**کارخانۂ قدرت کے حیوانات** (مضامین)
مصنف	:	**ڈاکٹر عزیز احمد عرسی** (ورنگل، تلنگانہ، انڈیا)
مصنف ای-میل	:	azeezahmed_ursi@yahoo.com
بہ تعاون	:	جہانِ اردو ویب سائٹ (مدیر اعلیٰ: پروفیسر فضل اللہ مکرم)
جمع و ترتیب / تدوین	:	مکرم نیاز
صنف	:	غیر افسانوی نثر
ناشر	:	تعمیر پبلی کیشنز (حیدرآباد، انڈیا)
سالِ اشاعت	:	۲۰۲۴ء
صفحات	:	۱۲۰
سرورق ڈیزائن	:	تعمیر ویب ڈیزائن

فہرست

(۱)	کارخانہ قدرت کے سات حیوانی عجوبے	6
(۲)	ہاتھی: وہ مخلوق جس کا دماغ انسان کے دماغ سے چار گنا بڑا ہوتا ہے	15
(۳)	چمپانزی	30
(۴)	کنگارو-وہ قوی الجثہ جانور جس کا بچہ صرف ایک سنٹی میٹر لمبا ہوتا ہے	42
(۵)	چمگاڈر-کانوں سے دیکھنے والی عجیب وغریب مخلوق	53
(۶)	جونک-خون چوسنے والا کیڑا	61
(۷)	گھریلو چڑیا-وہ جو کبھی ہمارے گھر کے آنگن میں پھدکتی تھی۔۔	72
(۸)	بربہوٹی-وہ جس کو لال مخمل سے بنایا گیا	82
(۹)	تتلی-ایک خوب صورت پتنگا	86
(۱۰)	نیل کنٹھ-تلنگانہ کا ریاستی پرندہ	94
(۱۱)	بلبل-آواز کا ایک حسین بہتا دریا	100
(۱۲)	کوئل-ایک آواز جو دلوں میں امنگ بھر دیتی ہے	108
(۱۳)	پرندے-مختلف مذاہب میں	118

کارخانہ قدرت کے سات حیوانی عجوبے

اس حقیقت سے کوئی انکار نہیں کر سکتا کہ اس کائنات کی تمام اشیاء اپنے خالق کی بے پناہ قوت وعلم کا مظاہرہ کرتی ہیں اس کا اظہار قرآن کی کئی آیات سے ہوتا ہے جو مستقلاً اس بات کی دلالت کرتی ہیں کہ خالق کی پیدا کردہ ہر شئے اس کی قوت کی شاہد ہے۔ ہم ایسے ماحول میں رہتے ہیں جہاں انسانی استدلال، منطق اور سائنس کو بہت زیادہ اہمیت دی جاتی ہے۔ اسی لئے کئی عقلیت پسند قرآن میں پیش کردہ شواہدات اور اس کے منطقی انداز تفکر سے متاثر ہو کر اس کو سائنسی فکر رکھنے والی الہامی کتاب قرار دیتے ہیں۔ جب کہ قرآن سائنس کی کتاب نہیں ہے لیکن یہ بھی حقیقت ہے کہ اس کی زائد از چھ ہزار آیات میں سے تقریباً ایک ہزار آیات سائنسی حقائق کا اظہار کرتی ہیں۔

جیسے " یہ سب آسمان اور زمین باہم ملے ہوئے تھے پھر ہم نے انہیں جدا کیا (الانبیاء)۔ موجودہ دور میں پیش کردہ انفجار عظیم کا نظریہ یعنی Big Bang کا نظریہ اسی آیت کی تصدیق کرتا ہے۔ میرا احساس ہے کہ کوئی بھی سائنسی نظریہ قرآن میں موجود اس مفہوم کی آیات سے اختلاف نہیں کر سکتا بشرطیکہ تجربہ مکمل صحت کے ساتھ انجام دیا جائے۔ دور حاضر کے سائنسدانوں نے کائنات کی تخلیق کے وقت ایک دھویں کے امکانات کا اظہار کیا ہے جس کے متعلق قرآن نے آج سے ساڑھے چودہ سو سال قبل بتا دیا تھا کہ "پھر وہ آسمان کی طرف متوجہ ہوا جو اس وقت محض دھواں تھا" (حٰم

السجدہ)۔ذیل میں پیش کردہ دو آیات کے ترجمے میں لفظ 'پرونا' اور 'لپیٹنا' استعمال ہوئے ہیں جو زمین کے گول ہونے کی طرف اشارہ کرتی ہیں کیونکہ اگر زمین گول نہ ہوتی تو دن یکایک نکل آتا اور رات اچانک نمودار ہوتی "کیا تم نہیں دیکھتے کہ اللہ رات کو دن میں پروتا ہوا لے آتا ہے اور دن کو رات میں"۔(لقمٰن)۔"وہی دن پر رات کو اور رات پر دن کو لپیٹتا ہے اسی نے سورج اور چاند اس طرح مسخر کر رکھا ہے کہ ہر ایک ایک وقت مقرر تک چلے جارہا ہے"۔(الزمر)۔

علاوہ اس کے آج کے دور میں جدید آلات نے یہ ممکن کیا کہ سمندر کی گہرائی میں اندھیرے کے بارے میں دنیا کو بتا سکیں ورنہ انسان کچھ عرصہ قبل تک سمندر کی گہرائی میں اندھیرے کے وجود سے ناواقف تھا جبکہ قرآن نے ساڑھے چودہ سو سال بتایا کہ "گہرے سمندر میں اندھیرا ہے کہ اوپر ایک موج چھائی ہوئی ہے اس کے اوپر ایک اور موج، اور اس کے اوپر بادل، تاریکی پر تاریکی مسلط ہے آدمی اپنا ہاتھ نکالے تو اسے بھی نہ دیکھ پائے"(النور)۔

۱۹۲۵ میں امریکی ماہر فلکیات Edvin Hubble نے تجربات کے ذریعہ یہ بتایا کہ کائنات مزید وسعت پارہی ہے، جس کا اظہار قرآن میں بہت پہلے آچکا کہ "آسمان کو ہم نے اپنے زور سے بنایا اور ہم اسے وسیع کر کے پھیلاتے ہیں" (الذٰریت)۔ اسی طرح ساڑھے چودہ سو سال قبل یہ بھی بتادیا گیا کہ "پانی سے ہر زندہ چیز پیدا کی گئی" (الانبیاء)" پانی سے ایک بشر پیدا کیا" (الفرقان)"

اللہ نے ہر جاندار کو ایک طرح کے پانی سے پیدا کیا" (النور)۔علاوہ ازیں قرآن میں کئی مقامات جیسے یٰسین، النحل، النمل، فاطر، کہف، الغاشیہ، العنکبوت، الانعام وغیرہ میں یہ بتایا گیا ہے کہ جانوروں سے انسان کو کیا فائدہ حاصل ہوتا ہے۔میں نے اس کتاب

میں کوشش کی ہے کہ جانوروں کی صفات کو اس انداز میں بیان کروں جس سے قاری میں خدا شناسی کا جوہر پیدا ہو اور انسان تمام چیزوں کا جائزہ لینے کے بعد اللہ کی صناعی کی تعریف کر سکے۔ کیونکہ اسلام اور سائنس ایک دوسرے کی ضد نہیں ہیں اور نہ ہی مبنی بر صحت جدید سائنسی تحقیقات قرآن سے متصادم ہیں۔

اس دنیا میں جانوروں کا بھی حق ہے حدیث میں ارشاد ہے "جو اللہ کی مخلوق پر رحم کرے گا خدا اس پر رحم کرے گا"۔ جانوروں کے صفات بتا کر لوگوں کے قلوب کو گرمانا کوئی نیا طریقہ نہیں ہے بلکہ ہم کو تاریخ میں حضرت علیؓ کا ایک قول ملتا ہے جس میں انہوں نے ارشاد فرمایا کہ " جانوروں کی زندگیوں سے سیکھو، شہد کی مکھی سے سبق لو کہ وہ اپنی گرمی سے کسی بھی چیز کی صفائی کرتی ہے، جس چیز کو خارج کرتی ہے اس میں مٹھاس ہوتی ہے اور جہاں بیٹھتی ہے اس کو برباد نہیں کرتی۔" اس سے معلوم ہوا کہ سائنس کی مدد سے انسانی زندگی کے مسائل کو سلجھانے کی کوشش مستحسن ہے لیکن انسان کو ہر حال میں مذہب کے دامن کو تھامے رکھنا ہو گا۔

میں یہ مضمون ہندسہ "سات" کے نام معنون کرنا چاہتا ہوں، نجانے کیوں مجھے حرف سات میں ایک پر اسراریت نظر آتی ہے اور دل غیر محسوس طریقے سے اس جانب کھنچنے لگتا ہے، میں اس کو کوئی نام نہیں دے سکتا اور نہ اس کی کوئی وجہ بیان کر سکتا ہوں، یہی بے وجہی ہو گی کہ اس پر اسرار حرف سات نے مجھ سے "سات عجوبے" نامی ضخیم کتاب لکھوائی ہے، اور آج ایک مضمون "سات حیوانی عجوبے" لکھوا رہی ہے۔

اس بات سے قطع نظر کہ دنیا میں رنگ سات ہیں جوہر میں سات مدار ہیں، طواف اور سعی میں سات چکر ہیں، جمرات میں سات کنکر مارے جاتے ہیں، سورۃ فاتحہ کی سات آیات ہیں، مجھے لفظ سات کی پر اسرایت کی تہوں میں کوئی اور ہی راز چھپا نظر آتا ہے اور

حقیقت یہ ہے کہ اس راز کی گہرائی تک ہم نہیں پہنچ پارہے ہیں، ورنہ قرآن میں بار بار اس حرف کا تذکرہ نہ ہوتا۔ میں یہاں دو ایک مثالوں کے ذریعہ اپنی بات واضح کرنے کوشش کروں گا، اگر ہم آسمانوں کی تعداد کا تذکرہ قرآن میں دیکھیں تو پتہ چلے گا کہ سات آسمان ہیں، اور یہ بڑی عجیب بات ہے کہ سات آسمانوں کی تخلیق کا تذکرہ اللہ نے قرآن میں سات مرتبہ کیا ہے۔

جیسے (۱) سورہ الطارق آیت نمبر ۱۲ میں ذکر ہے اللہ الذی خلق سبع سماوات و من الارض مثلھن، ترجمہ: اللہ ہی وہ ہے جس ساتوں آسمانوں کو پیدا کیا اور زمینوں میں بھی ویسی ہی زمینیں بنائیں۔ (۲) سورہ البقرہ آیت نمبر ۲۹، ثم استویٰ الی اسماء فسواہن سبع سماوات ترجمہ: اس کے بعد اس نے آسمان کا رخ کیا تو سات مستحکم آسمان بنادئے۔ (۳) سورہ النبا آیت نمبر ۲۴، وبنینا فوقکم سبعاً شدادا۔ ترجمہ: اور تمہارے اوپر سات آسمان قائم کئے۔ (۴) سور فصلٰت آیت نمبر ۱۲، فقضا ھن سبع سماوات فی یومین۔ ترجمہ: تب اس نے دو دن کے اندر سات آسمان بنادئے۔ (۵) سورہ نوح آیت نمبر ۱۵، الم تروا کیف خلق اللہ سبع سماوات طباقا ترجمہ: کیا تم نے نہیں دیکھا کہ خدا نے کس طرح تہہ بہ تہہ سات آسمان بنائے ہیں۔ (۶)۔ سورہ الملک آیت نمبر ۳، الذی خلق سبع سماوات طباقا ترجمہ: اسی نے سات آسمان تہ بہ تہ پیدا کئے۔ (۷) سورہ المومنون آیت نمبر ۱۷ میں ذکر ہے ولقد خلقنا فوقکم سبع طرائق وما کنا عن الخلق غافلین۔ ترجمہ: اور ہم نے تمہارے اوپر سات آسمان پیدا کئے اور ہم خلقت سے غافل نہیں ہیں۔ (المومنون۔ ۱۷)۔

قرآن میں سات آسمانوں کا تذکرہ کئی مقامات پر موجود ہے لیکن سات آسمانوں کی تخلیق کا صرف سات مرتبہ ہی تذکرہ ہے جو محض اتفاق نہیں ہے بلکہ میری نظر میں یہ خدا کے خالق ہونے کی نشانی ہے جو اسی طرح مختلف انداز میں جابجا ظاہر ہوتی رہتی

ہے۔علاوہ اس کے قرآن میں لفظ سات کئی جگہ موجود ہیمیں صرف ایک کا ذکر کرتے ہوئے آگے بڑھتا ہوں کہ قرآن جہنم کا ذکر کرتے ہوئے کہتا کہ لھا سبعۃ ابواب۔۔

ترجمہ: اس کے سات دروازے ہیں۔(الحجر۔۴۴)

انجیل میں بھی لفظ سات کا متعدد بار ستعمال ہوا ہے ایک محقق کے مطابق سات کا استعمال زائد از ۷۰۰ مرتبہ ہوا ہے، Revelation میں "۷" کا استعمال کئی بار ہوا ہے ، جیسے سات چرچ، سات ارواح، سات تارے، وغیرہ وغیرہ۔

ہندوازم میں بھی سات اہمیت رکھتا ہے جیسے شادی کے موقعہ پر سات پھیرے (Seven Steps) جس میں دولہن کی ساڑی کا کونہ دولہے کے کرتے سے باندھا جاتا ہے اور 'Saptapadi' کی رسم انجام دی جاتی ہے۔ہندو مذہب میں برھما خالق ہے عمل تخلیق میں سہولت کی خاطر برھمانے سات Sapta Rishi کو بنایا جن کے نام Bhrigu, Angira, Atri, Gautama, Kashyapa, Vashishta اور Agastya ہیں، ہندو مذہب نے سات بہشت اور سات زیر زمین دنیا یا پاتال کا تصور دیا ہے۔ بہشت کے نام bhu, bhuvas, svar, mahas, janas, tapas اور satya ہیں اور زیر زمین دنیاؤں کے نام atala, vitala, sutala, rasaataala, talatala, mahaatala, اور paatala ہیں۔ اسی طرح ہندو مذہب میں سات دریائیں مقدس ہیں جیسے ، گنگا، جمنا، سرسوتی، گوداوری، نرمدا، سندھو اور کاویری۔

بہرحال حرف سات ہر ایک کے لئے اپنے اندر ایک انجانی کشش رکھتا ہے جس کو بیان کرنا مشکل ہے۔اس تمہید کے بعد میں اپنے اصل موضوع کی طرف آتا ہوں، اس سے قبل کہ میں کارکانہ قدرت کے سات حیوانی عجوبوں کا ذکر کروں یہ بتانا چاہوں گا کہ دنیا کے مختلف مذاہب نے جانوروں کو کیا اہمیت وحیثیت دی ہے۔

ہندو مذہب نے جانوروں کو بہت زیادہ اہمیت دی ہے، ہندوازم کے مختلف مکاتیب فکر کے نزدیک روحانی اعتبار سے انسان اور زندگی کے مختلف اشکال خواہ وہ نباتات ہوں یا حیوانات زیادہ فرق نہیں ہے کیونکہ یہ سب خدا کی تجلیات کے مظہر ہوتے ہیں، ان کے نزدیک حیوانات کم تر مخلوق نہیں ہے بلکہ ارتقائی حیثیت میں انسان کے مقابلے نچلے درجے میں ہیں۔

بدھ ازم اور جین ازم میں بھی جانوروں کی اپنی الگ اہمیت ہے، ہندو مذہب میں کئی جانور ان کے مقدس دیوی دیوتاؤں کی سواریاں ہیں۔ جیسے دیوتا گنیش کی سواری چوہا ہے، دیوتا برھما کی سواری بطخ ہے، اسی طرح وشنو کی گروڈا، شیوا کی نندی، اندرا کی ہاتھی، ورونا کی سواری مگرمچھ، سورج دیوتا کی رتھ کھینچتے سات گھوڑے، سرسوتی کی سواری مور، لکشمی کی الّو، پاروتی کی سواری ببر، مہیشوری کا بیل، واشنوی کی چیل، کاما کی طوطا، کیتو کی عقاب وغیرہ وغیرہ۔ ہاتھی کو ہندوازم میں مذہنی نشان کی حیثیت حاصل ہے، بدھ مذہب اور جین مذہب میں بھی ہاتھی کو مقدس جانتے ہیں، ہندو مذہب میں سانپ کی پوجا کو بھی کافی اہمیت حاصل ہے، علاوہ اس کے گائے کی ہندوازم میں اہمیت مسلمہ ہے، ان کے پاس گائے کی ہر شئے (حتیٰ کہ گوبر اور پیشاب) اور ہر عضو مقدس ہے، گھوڑے بھی اس مذہب میں خاص حیثیت رکھتے ہیں جو کئی دیوتاؤں کی سواریوں کو کھینچتے ہیں، مہابھارت میں یاما کی جنت کی سیر کا ذکر ہے جس میں وہ کتے کے ساتھ تھے، ہندو مذہب میں ایک تصوراتی جانور Makara کی بھی بڑی اہمیت ہے جس کا سر مگرمچھ کا اور جسم چھپکلی کی طرح ہوتا ہے، اس کے علاوہ بھی ہندو مذہب میں جن جانوروں کا ذکر کیا گیا ہے وہ اس طرح ہیں، Fowl مرغ، Crow کوا، Fly مکھی، Butterfly تتلی، Crane ہنس، Dove کبوتر، Falcon شاہین، Spider مکڑی، Bats چمگاڈر، Bear ریچھ، Boar

، بھینسBuffalo ،، بلی Cat ، ہرنDeer ، ، لومڑیFox ، بکریGoat ، لیوپارڈLeopard ، بندرMonkey ، شیرTiger ، خرگوشRabbit ،، گلہریSquirrel ، تانبیلTurtle ، چیلEagle، Goose، وغیرہ وغیرہ۔ ویدک دور میں جانوروں کے گوشت کو کھایا جاتا تھا بلکہ انہیں قربان بھی کیا جاتا تھا لیکن جین مذہب کی تعلیمات نے بر صغیر کے لوگوں کی غذائی فہرست کو بدل دیا، ہندوستان میں کئی بادشاہ جین مذہب کے پیرو کار تھے جیسے چندر گپت موریا وغیرہ ان راجاؤں نے جانوروں کی نگہداشت سے متعلق احکامات جاری کئے اور ان پر عمل کروایا، اشوک اعظم نے بھی اپنے دور میں جانوروں کی لڑائی کو بند کروایا اور ان کی بہتر پرورش کی طرف توجہ دی۔ انجیل میں بھی کئی جانوروں کا ذکر کیا گیا ہے جن کی فہرست کافی طویل ہے۔

قرآن میں کئی ایک جانداروں کا ذکر ہوا ہے۔ لیکن قرآن نے صاف طور پر یہ بھی بتا دیا ہے کہ اللہ نے تمہارے لئے یہ مویشی جانور (اسی لئے) بنائے (ہیں) تا کہ ان میں تم کسی پر سوار ہو اور کسی کا گوشت کھاؤ۔ (غافر۔ ۷۹) علاوہ اس کے قرآن میں ہی یہ ذکر بھی ہے کہ " وہی ہے جس نے مویشیوں میں سے وہ جانور بھی پیدا کئے جس سے سواری اور بار برداری کا کام لیا جاتا ہے اور وہ (جانور) بھی (پیدا کئے) جو کھانے اور بچھانے کے کام آتے ہیں۔" (الانعام۔ ۱۴۲) "اس نے جانور پیدا کئے جس میں تمہارے لئے پوشاک بھی ہے اور خوراک بھی، اور طرح طرح کے دوسرے فائدے بھی۔ اور ان میں تمہاری رونق بھی ہے جب چرا کر لاؤ تب بھی اور جب چرانے لے جاؤ تب بھی۔"

(النحل۔ ۵ اور ۶)

قرآن میں جن جانوروں کا ذکر ہوا ہے ان میں، کوّا، بھیڑیا، ھدھد، دیمک، گھوڑا گدھا، خچر، وھیل، کتا، چیونٹی، ہاتھی، سانپ، اژدھا، ابابیل، سلوٰی، مکڑی، مچھر، مکھی،

اونٹ، شہد کی مکھی، خنزیر، بھیڑ بکری (دنبہ)، مچھلی، ببر، Locusts (ٹڈی)، بندر، گائے وغیرہ وغیرہ شامل ہیں، ان کے علاوہ مویشی، وحشی جانداروں اور پرندوں سے متعلق بھی کئی جگہ اشارات ملتے ہیں۔ لیکن چار جاندار ایسے ہیں جن کے متعلق محسوس ہوتا ہے کہ قرآن نے ان کا تذکرہ خصوصیت سے کیا ہے۔ یہ جاندار (۱) اونٹ (۲) شہد کی مکھی (۳) مچھر (۴) مکھی

میں نے اس مضمون کے لئے مندرجہ بالا فہرست سے صرف ایک کا انتخاب کیا ہے اور بقیہ حیوانی عجوبوں میں اکثریت ایسے جاندارں کی ہے جن کا راست قرآن میں ذکر موجود نہیں ہے۔ ویسے جہاں تک حیوانی عجوبوں کی بات ہے دنیا کا سب سے بڑا حیوانی عجوبہ حیوان ناطق حضرت انسان ہی ہے، لیکن میں اس فہرست میں حیوان ناطق کو شامل نہیں کر رہا ہوں۔ دنیا میں کئی عجیب و غریب جاندار ہیں جن کی شکل ہیت اور خصوصیات ایسی ہیں کہ ہم ان پر مشکل سے یقین کریں۔ مثلاً Aye-aye، Blobfish، Tapir، قطبی ریچھ، Angora Rabbit وغیرہ، علاوہ ان کے قدرت میں نہ صرف شکل و ہیت بلکہ کئی انوکھی خصوصیات رکھنے والے جاندار بھی موجود ہیں، جیسے ، ڈولفن، آکٹوپس، گینڈا، بچھو، Tarsius، مگرمچھ، Humming Bird، شیر، Peregrine falcon، وھیل شارک، Anaconda، دریائی گھوڑا، آدھا گھوڑا Echidna آدھا زیبرا Quagga پنگوئن، Loris، بلی، Pangolins چیونٹی، Skunk، شہد کی مکھی ، Hedgehog ، تتلی، Seal، مور، Chameleon ، جگنو، Coelacanth، دیمک، Platypus، مکڑی، Hawk ، کتا، Baya وغیرہ لیکن میں نے یہاں ایسے جانداروں کا انتخاب کیا ہے جنہیں ہم بخوبی جانتے ہیں لیکن ان کے حیران کن اوصاف سے واقف نہیں۔ میں نے اس خصوص میں انتخاب کی اساسجن خصوصیات پر رکھی ان میں * عام طور

پر دکھائی دینے والے جاندار یا ایسے جاندار جن کو اکثر لوگ بہتر طور پر جانتے ہیں * جغرافیائی اعتبار سے ساری دنیا میں پھیلے ہوئے جاندار * ایسے جاندار جن کے حالات زندگی ایک قاری کو حیرت میں ڈال دیں اور اس جاندار کی مخصوص خصوصیات کا مطالعہ انسانی ذہن کی گرہوں کو کھول کر اس جاندار کو قاری کے حق میں خدا کا ایک بین نشان ثابت کرے۔ سورۃ فصلات میں ارشاد ہے کہ "خود ہم ان کو عنقریب اطراف عالم میں بھی اور ان کی ذات میں بھی اپنی نشانیاں دکھائیں گے، یہاں تک کہ ان پر ظاہر ہو جائے گا کہ قرآن حق ہے، کیا تم کو یہ کافی نہیں کہ تمہارا پروردگار ہر چیز سے خبردار ہے"

* * *

ہاتھیElephant: وہ مخلوق جس کا دماغ انسان کے دماغ سے چار گنا بڑا ہوتا ہے

الم ترا کیف فعل ربک باصحٰب الفیل (الفیل۔۱)

(کیا تونے نہ دیکھا کہ تیرے رب نے ہاتھی والوں کے ساتھ کیا کیا۔ الفیل۔۱)

قرآن مجید میں ہاتھی پر ایک مکمل سورت موجود ہے جو سورۃ الفیل کہلاتی ہے۔ خطہ عرب میں ہاتھی نہیں پایا جاتا۔ جب یمن کے گورنر ابرہہ نے مسلمانان عالم کو فریضۂ حج ادا کرنے سے روک کر اپنے بنائے ہوئے کلیسا کی زیارت کروانے کا منصوبہ بنایا تو اسکا یہ منصوبہ ناکام ہو گیا کہ مسلمان خانہ کعبہ کو حج کیلئے جوق در جوق آتے رہے۔ اپنے منصوبے کی ناکامی پر چراغ پا ابرھہ نے اپنے کلیسا کی بے حرمتی کی فرضی کہانی گڑھ کر خانہ کعبہ پر حملے کا جواز پیدا کر لیا۔ اور تقریباً ۶۰ ہزار لشکر جرار کے ساتھ مکہ پر چڑھائی کر دی۔ اسکے لشکر میں ہاتھی بھی شامل تھے جنکی تعداد ۹ یا ۱۱ تھی۔ ان ہاتھیوں میں ایک ہاتھی بہت بڑی جسامت کا تھا جس کو میر لشکر کی حیثیت حاصل تھی اسکا نام مفسرین نے 'محمود' لکھا ہے، جو Mammoth کا بگاڑ ہو سکتا ہے، اس طرح اہل عرب اسی موقع پر ہاتھی سے متعارف ہوئے۔ اس سورت میں اللہ فرماتا ہے کہ "تم نے دیکھا کہ تیرے پروردگار نے ہاتھی والوں کے ساتھ کیا کیا۔"

ہاتھی نہ صرف ابرہہ کے لشکر کی طرف اشارہ ہے بلکہ قوت کی نشانی بھی ہے کہ کس

طرح اپنی قوت پر اِترانے والوں کو اللہ نے معمولی پرندوں کے ذریعہ گرائی ہوئی کنکریوں سے تباہ کر دیا۔ یہ سورت انکے لیے بھی درس عبرت ہے جو جھوٹا کھڑاگ پھیلا کر معصوموں پر حملہ کرنے کا جواز پیدا کر لیتے ہیں۔ اسکے علاوہ قرآن میں سورۃ القلم میں 'خرطوم' آیا ہے جسکے معنی ہاتھی کی سونڈ کے ہیں۔ بائبل میں ہاتھی کا تذکرہ موجود نہیں ہے بلکہ ہاتھی دانت کا ذکر ضمناً موجود ہے۔ ہندو مذہب میں علم و حکمت کے دیوتا گنیش جی کا چہرہ ہاتھی کی شکل کا ہے۔ ہندو دیومالا میں زمین کو اٹھار کھے سات جانوروں میں ایک ہاتھی ہے۔ جو تا نبیل (کچھوا) پر کھڑا ہے۔ بدھسٹ سفید ہاتھی کو مقدس مانتے ہیں کہ انکے مطابق راہبوں، صوفیوں، مہاپرشوں اور حکمرانوں کی مقدس ارواح سفید ہاتھی میں منتقل ہو جاتی ہیں۔ تھائی لینڈ میں سفید ہاتھی کی پرستش کی جاتی ہے۔ رومیوں نے ہاتھی کو سرکس میں پہلی مرتبہ استعمال کیا اور یونان میں ہاتھی کو فوج میں بحیثیت ٹینک (دبابہ) استعمال کرنے کا طریقہ سکندر نے شروع کیا۔

ہاتھی پالتو جانور نہیں ہے لیکن انسان نے اسکو سدھا کر پالتو جیسا بنا دیا ہے کہ وہ انسان کے شانہ بہ شانہ مختلف شعبہ ہائے زندگی میں کام کرتا نظر آتا ہے۔ دنیا کی تمام مخلوقات انسان کے فائدے کیلئے ہیں۔ حق تعالیٰ ارشاد فرماتا ہے کہ "اس نے جانور پیدا کئے جن میں تمہارے لیے پوشاک بھی ہے اور طرح طرح کے دوسرے فائدے بھی" اور اللہ آگے ارشاد فرماتا ہے۔ کہ "وہ تمہارے لیے بوجھ ڈھو کر ایسے ایسے مقامات تک لے جاتے ہیں جہاں تم سخت جانفشانی کے بغیر نہیں پہنچ سکتے۔ حقیقت یہ ہے کہ تمہارا رب بڑا ہی مشفق اور مہربان ہے" اللہ نے قرآن کی پچاس سے زائد آیتوں میں غور و تدبر کرنے اور عقل و فکر کا استعمال کرنے کی دعوت دی ہے کہ وہ کائنات کی بے شمار نشانیوں اور انکی عجیب و غریب کارگری پر غور کریں تاکہ انسانوں میں خالق کی عظمت کا احساس

پیدا ہو۔ جس سے ان میں خشیت پیدا ہو گی اور انکا دل حب الٰہی سے معمور ہو جائے گا۔ اللہ نے انسان کو عقل سلیم عطا فرمائی ہے جسکو بروئے کار لا کر وہ ہاتھی جیسے وحشی جاندار کو بھی اپنا مطیع و فرمانبردار بنا لیتا ہے۔ رسول خداؐ نے جانداروں سے اچھے برتاؤ کی ہدایت فرمائی ہے اسی لیے انسان کبھی مشفقانہ طرز عمل اختیار کر کے انکا ماں یا باپ بن جاتا ہے اور کبھی محبت نچھاور کرنے والی اولاد کے مانند ہو جاتا ہے۔ اسی لیے جب انسان کسی ہاتھی پر بیٹھ کر انکے غول میں چلا جاتا ہے تو دوسرے ہاتھی اس انسان پر برہم نہیں ہوتے حالانکہ غول کے سب ہاتھی جنگلی ہوتے ہیں اہلی نہیں ہوتے لیکن یہ حقیقت ہے جو جانوروں کے عادات و اطوار کے ماہرین کیلئے بھی حیرت انگیز ہے۔ ہمالیہ کی ترائی میں آباد علاقوں میں اکثر اوقات مائیں اپنے چھوٹے بچوں کو ہاتھی کی نگرانی میں دے جاتی ہیں جنکی وہ اطاعت گزار جانور ماں کے واپس ہونے تک حفاظت کرتا ہے۔ اسی لیے وحشت کے اعلیٰ درجہ پر فائز ایسے جاندار جب الفت میں انسان کے آگے سرنگوں ہو جاتے ہیں تو دل بے اختیار پکار اٹھتا ہے کہ "خدایا۔ تو نے ان سب کو فضول اور بے مقصد پیدا نہیں فرمایا"۔

ہاتھی لفظ اپنے اندر کئی مفاہیم رکھتا ہے۔ اردو زبان میں عام طور پر یہ قوت اور امارت کے معنوں میں بھی استعمال ہوتا ہے۔ جیسے ۔

دریچے کرم خوردہ ہو گئے ہیں
کبھی اس در پہ ہاتھی ڈولتا تھا

بے حس انسان پر طنز کرتے ہوئے کہا جاتا ہے کہ کیا تمہاری جلد ہاتھی کی ہے۔ حالانکہ ہاتھی نفاست پسند جانور ہے جسکی جلد موٹی لیکن نہایت حساس ہوتی ہے جسکا وزن تقریباً ایک ٹن ہوتا ہے اور ہاتھی اپنی جلد کی بڑے اہتمام سے حفاظت کرتا ہے۔ اردو

زبان میں ہاتھی پر کئی کہاوتیں موجود ہیں جیسے ہاتھی نکل گیا دم اٹک گئی، ہاتھی کے دانت دکھانے کے اور ہیں کھانے کے اور ہیں، ہاتھی کا بوجھ ہاتھی ہی اٹھائے ہاتھی سے گنا کھانا، ہاتھی جھومتا ہے، ہاتھی پھرے گاؤں گاؤں جسکا ہاتھی اسکا ناؤں، ہاتھی کا دانت اور گھوڑے کی لات، ہاتھی کا پیر آنکس؛ مرا ہوا ہاتھی بھی سوا لاکھ کا وغیرہ۔

عوام میں ہاتھی سے متعلق کئی کہانیاں اور غلط فہمیاں مشہور ہیں۔ جیسے ہاتھی کے دانت ہر دس برس کے بعد پھر اُگ آتے ہیں۔ اسکی ٹانگوں میں جوڑ نہیں ہوتے اسی لیے وہ درختوں کے تنوں کو سہارا دیکر کھڑا کھڑا سوتا ہے اور اگر نیچے گر جائے تو پھر اٹھ نہیں سکتا۔ اسکی عمر چار تا پانچ سو برس ہوتی ہے۔ خود ارسطو نے بھی اسکی عمر ۴۰۰ برس لکھی ہے۔ کہا جاتا ہے ہاتھی ایک بے ڈھنگا جانور ہے۔ لیکن حقیقت یہ ہے کہ ہاتھی نہایت سلیقہ مند جانور ہے جسکا تجربہ ہاتھی کو ایک شیشے کی دُکان میں لے جا کر کیا گیا۔ جہاں اس نے تنگ راستوں سے گذرنے کے باوجود شیشوں کے نازک آبگینوں کو نیچے نہیں گرایا اور بغیر کوئی شئے توڑے دُکان سے باہر نکل گیا اسی لیے ہم ہاتھی کو قوی الجثہ ہونے کے باوجود سرکس میں بوتلوں پر توازن برقرار رکھنے کا کرتب دکھاتے ہوئے دیکھ سکتے ہیں۔

یہ نہایت حساس جانور ہے جو اپنی بے عزتی برداشت نہیں کر سکتا۔ Pliny کے تجربے کے مطابق جب فوقیت کے عادی ہاتھی پر دوسرے ہاتھی کو فوقیت دی گئی تو وہ ہاتھی دلّی کے قدیم بانکوں کی طرح اپنی بے عزتی برداشت نہ کر پایا تو بھوکا رہ کر خودکشی کر لی۔ ماہرین حیوانات نے ہاتھی کو نہایت ہوشیار اور ذہین جانور قرار دیا ہے۔ ہاتھی کا دماغ انسان سے چار گنا بڑا ہوتا ہے، پہاڑوں سے نیچے اترنے کے لئے راستے کا انتخاب اس کی بڑی خصوصیت ہے جو سب سے سہل ہوتا ہے آج دنیا میں اکثر نہ سہی کچھ پہاڑی راستے ایسے ضرور ہیں جو کبھی ہاتھیوں کی گذرگاہ رہ چکے ہیں۔ ہاتھی کا دماغ ۱۱ پاؤنڈ ہوتا ہے یہ زمین پر

پائے جانے والے جانداروں میں سب سے بڑا دماغ ہے۔ ہاتھی ذہین جاندار ہے، اس کا EQ یعنی Encephalization Quotient دوسرے جانداروں سے زیادہ ہوتا ہے ،(۱) دنیا کا سب سے ذہین جاندار انسان ہے جس کا EQ تقریباً ۸ء۷ تک ہوتا ہے (۲)دوسرے نمبر پر ڈولفن ہے، جس کا EQ تقریباً ۳ء۵ سے زیادہ ہوتا ہے، (۳) Orca کا ۳ء۳(اس کو عام طور پر Killer Whale کہا جاتا ہے)۔(۴) چمپانزی کا ۵ء۲ (۵) بندر کا ۱ء۲ (۶)وھیل کا ۳ء۱ (۷)ہاتھی کا ۳ء۱ (۸) کتے کا ۲ء۱ (Dog)۔ (۹) بلی کا ۰۰ء۱ (۱۰) گھوڑے کا .۹ہوتا ہے۔E Q ذہنی سطح اور جذباتی ذہانت کو ناپنے کی اکائی ہے۔

لیکن سائنس دانوں کے ایک طبقے کے نزدیک ہاتھی کی ذہانت مشکوک ہے۔ لیکن اس بات پر سب کا اجماع ہے کہ ہاتھی پیچیدہ عمل بھی آسانی سے سیکھ لیتا ہے۔ اسکا ذہن انسان کی طرح مختلف اشیاء کو مشاہدے کے ذریعہ پرکھنے کی کوشش کرتا ہے یہ صلاحیت دوسرے جانداروں میں ہاتھی کے برابر نہیں پائی جاتی۔ لیکن اس تعلق سے مختلف آراہیں اگر اسمیں واقعتاانسانی ذہن کی خصوصیات ہوتیں تو وہ کبھی اپنے آپ کو انسان کی غلامی کیلئے پیش نہیں کرتا بلکہ خوداری سے آزادانہ زندگی گذارتا۔ علاوہ ازیں انسان اور جانور کی ذہانت کا تقابل ہی بے کار ہے کہ انسان اپنے اندر جذبہ اور روحانی قوت رکھتا ہے اور عقل کے بل بوتے وہ ہر جانور کو اپنا مطیع و فرمانبردار بنانے کی کوشش کرتا ہے بڑے بڑے وحشی جانداروں کو اہلی بنالیتا ہے اور انہیں اپنے دست تصرف میں لے آتا ہے اور اپنے اغراض کیلئے استعمال کرتا ہے۔ لیکن یہ بھی ایک حقیقت ہے کہ وہ انسان جسکو اپنی ذہانت پر ناز ہے جس نے ہر جانور کو زیر کرنے کا فن ایجاد کیا ہے عقیدت کی موجوں میں ایسا بہہ نکلتا ہے کہ ان ہی جانوروں کی پرستش کرنے لگتا ہے جنکو خود اس نے اپنا مطیع بنایا اور پھر

اپنے ہوش و خرد کو گنوا کر اپنی ذات اور احساسات کو بے زبان جانور کے حوالے کر دیتا ہے۔

ہاتھی کی ذہانت اور اسکے سیکھنے کے عمل سے متعلق ابو الفضلؒ لکھتے ہیں کہ یہ موسیقی کی تال پر اعضا کو حرکت دیتا ہے۔ کمان کھینچ سکتا ہے۔ تیر چلا سکتا ہے۔ راستے میں پڑی چھوٹی چھوٹی چیزوں کو طلب کرنے پر اٹھا کر فیلبان کو دیتا ہے۔ کہا جاتا ہے کہ ہاتھی کو اسکے مہاوت سے محبت ہو جاتی ہے۔ لیکن اس کے باوجود ہاتھی مہاوت کی بد سلوکی برداشت نہیں کر سکتا ہاتھی بعض اوقات اعصاب میں تناؤ کے باعث مست ہو جاتا ہے جو ایک خطرناک مرحلہ ہے۔ یہ مضبوط اور دیو پیکر ہونے کے باوجود نہایت خاموش طبع اور بزدل جانور ہے حالانکہ اسکی طاقت ضرب المثل کی حیثیت رکھتی ہے یہ کبھی کسی جانور پر حملہ نہیں کرتا جب تک کہ اسکو تکلیف نہ پہنچائی جائے۔

اسی لیے ہندوستان میں ہاتھی کو شیر کے شکار کے لئے استعمال کیا جاتا تھا۔ ہاتھی غول میں رہتے ہیں۔ ہر غول یا گلّے میں ہاتھیوں کی تعداد ۲۰ تا ۴۰ یا کبھی کبھی ۱۰۰ تک ہوتی ہے۔ گلّے کا ہر ہاتھی ایک دوسرے سے دوستانہ رویہ رکھتا ہے اور وقت ضرورت ایک دوسرے کے کام آتا ہے۔ یہ غول میں نہ صرف اپنے بچوں کی حفاظت کرتے ہیں بلکہ خطرے کے اوقات نومولود بچوں کو بلالحاظ رشتہ اپنی سونڈ یا دانتوں پر اٹھا کر محفوظ مقام کی تلاش میں نکل جاتے ہیں۔ اگر کوئی مادہ ہاتھی کسی وجہ اپنے بچوں کو دودھ نہ پلا سکے تو دوسری ہتنی اسکو اپنا دودھ پلاتی ہے۔ گلّے کی نگرانی کی ذمہ داری ہمیشہ مادین کے سر رہتی ہے۔ خیال کیا جاتا ہے ہر گلّہ دراصل انکا کنبہ ہے جو ایک ہی ہاتھی کی اولاد ہیں۔ اس لیے ابو الفضلؒ نے انکے گلّے کو 'سہن' کہا ہے۔ ہر غول کی ۵۰ میل تک حکمرانی ہوتی ہے عام طور پر دوسرا غول انکی عملداری سے باہر رہتا ہے۔

ہاتھی ایک پستانیہ ہے جو Proboscidea سے تعلق رکھتا ہے۔ خشکی پر رہنے والے تمام جانداروں میں اسکی جسامت بڑی ہوتی ہے۔ اسکی ناک اور اوپری ہونٹ مل کر سونڈ (Trunk) بناتے ہیں جس پر موجود مضبوط عضلات اسکی لمبائی کو کم یا زیادہ کرتے ہیں گول گھما کر وزن اٹھانے میں مدد دیتے ہیں۔ ہاتھی کی سونڈ میں ۵۰،۰۰۰ اعضلات پائے جاتے ہیں، اس میں کوئی بھی ہڈی نہیں پائی جاتی، ہاتھی اپنی سونڈ سے ۱۵۰۰ کیلو وزن بآسانی اٹھالیتا ہے سونڈ ہاتھی میں انسان کے ہاتھ جیسا کام انجام دیتی ہے اسی لیے اسکا نام ہاتھی رکھا گیا۔ یہ سونڈ سے چارہ اٹھا کر کھاتا ہے اسکی غذا گھاس، پتے، بمبو اور مختلف پھل کونپلیں گنّا وغیرہ ہوتی ہیں۔ یہ ایک دن میں تقریباً ۱۵۰ کلو غذا استعمال کرتا ہے یہ اپنی سونڈ سے پانی کھینچ کر راست منہ میں داخل کرتا ہے اسکی سونڈ میں بیک وقت ۶ تا ۸ لیٹر پانی سما سکتا ہے۔ یہ روزانہ ۱۰۰ لیٹر سے زیادہ پانی پیتا ہے۔

تیز گرمی ہاتھیوں کے لیے ناقابلِ برداشت ہوتی ہے اسی لیے یہ پانی کے قریب اپنا پڑاوٗ ڈالتے ہیں۔ اور دن میں بکثرت سونڈ سے اپنے جسم پر پانی اُنڈیلتے ہیں۔ یہ پانی دیکھ کر بے چین ہو جاتے ہیں۔ ہاتھی اپنے تمام تر جسم کے وزن کے باوجود بہترین تیراک ہوتے ہیں جو پانی میں ڈبکی لگا کر آنکھوں تک ڈوب جاتے ہیں اور تازہ ہوا کیلئے سونڈ کو پانی سے باہر رکھتے ہیں۔ رات کے وقت انکے نہانے کا منظر قابلِ دید ہوتا ہے لیکن اس دوران بھی ایک ہاتھی اس علاقے کی مسلسل نگرانی کے فرائض انجام دیتا ہے اور اپنی سونڈ کو ہوا میں لہرا کر خطرات کو سونگھتا ہے خطرہ محسوس کرنے پر ہلکا اشارہ دیتا ہے جس کو سن کر تمام ہاتھی قریبی علاقوں میں چھپ جاتے ہیں اور خطرہ دور ہونے کے بعد نگران کار ہاتھی پھر ایک اشارہ نشر کرتا ہے جس پر تمام ہاتھی پانی میں جمع ہو کر موج مستی کرتے ہیں۔

ہاتھی اپنے سونڈ کی بہت حفاظت کرتا ہے حتیٰ کہ دوران لڑائی بھی زمین پر نہیں

مارتا۔ ہاتھی میں دانتوں کی جملہ تعداد ۲۸ ہوتی ہے۔ ان میں نوکیلے دانت Canines نہیں پائے جاتے اور اوپری Incisors تمام عرصہ عمر ترقی پاتے ہیں اور Tusk (ہاتھی دانت) بناتے ہیں۔ ہاتھی دانت اکثر اوقات خمیدہ ہوتے ہیں اور ان سے قیمتی Ivory حاصل کیا جاتا ہے۔ ہندوستانی ہاتھی کا Tusk افریقی ہاتھی کے مقابلے چھوٹا ہوتا ہے۔ اب تک حاصل کردہ Tusk میں سب سے بڑا ساڑھے دس فیٹ کا دیکھا گیا جسکا وزن ۲۳۹ پاؤنڈ تھا۔ اس Tusk کا اساسی قطر ۱۸۹۲۴ انچ تھا۔ مادہ ہاتھی کے Tusk عموماً نر کے مقابلے چھوٹے ہوتے ہیں۔

جبکہ سری لنکا کے ہاتھیوں کی نسل میں یہ غیر موجود ہوتے ہیں۔ بعض معدوم ہاتھیوں میں انکی لمبائی ۱۶ فیٹ تک دیکھی گئی سائبریا میں دریافت شدہ Mammoth کے Tusk ملائم اور پھوٹک ہوتے ہیں۔ لیکن ان کی قیمت زیادہ ہوتی ہے ہاتھی اپنی زندگی کے بیشتر افعال سونڈ کی مدد سے انجام دیتا ہے اور ان دانتوں سے کوئی خاص کام نہیں لیتا اسلیے انکو نمائشی دانت بھی کہا جاتا ہے۔ لیکن سدھائے ہوئے ہاتھی ان دانتوں پر وزنی شہتیر وغیرہ لے جاتے ہیں۔ یہ دانت اندر سے تھوتھے اور مجوف ہوتے ہیں اور بہت کم ہاتھیوں میں دانت ٹھوس ہوتے ہیں۔

عام طور پر انکا وزن ۳۰ تا ۴۰ کیلو ہوتا ہے Tusk جس سے Ivory حاصل کیا جاتا ہے دانت کی متبدلہ شکل ہے جو مخروطی ہوتا ہے۔ اوپر سے اسکا رنگ قدرے گہرا ہوتا ہے لیکن اندر سفیدی پائی جاتی ہے۔ اسکی تہہ دار پرتوں میں رنگارنگی لکیریں پائی جاتی ہیں اور اسمیں کسی قدر لچک موجود ہوتی ہے جسکے باعث اسکی قدر و قیمت میں اضافہ ہوتا ہے۔ کانکنوں کیلئے جس طرح ہیرے کی اہمیت ہوتی ہے اسی طرح شکاریوں کے لئے ہاتھی دانت کی وقعت ہوتی ہے، یہ کندہ کاروں کیلئے زمانہ قدیم سے اہمیت رکھتے ہیں۔ کندہ کردہ

ہاتھی دانت کو دنیا کے بیشتر مقامات پر آرائشی اشیاء کے طور پر استعمال کیا جاتا ہے۔ ہاتھی دانت پر نہایت نفیس گل بوٹے بنائے جاتے ہیں جو سامانِ تعیش ہیں۔ بابل، اشوریات، یونانی اور مصری نمونے آج بھی دنیا کے مختلف عجائب گھروں میں موجود ہیں۔ ویسے اس فن میں جاپانی، چینی اور شمالی امریکی زیادہ شہرت رکھتے ہیں۔

ہاتھی دانت کے استعمال سے حجری دور کے لوگ بھی واقف تھے جسکے نمونے آج بھی برٹش میوزیم میں محفوظ ہیں۔ علاوہ اسکے اس میوزیم میں حضرت موسیٰؑ کے زمانے کے کندہ کردہ کچھ ہاتھی دانت کی نوادرات بھی آج تک محفوظ ہیں۔ کہا جاتا ہے کہ حضرت سلیمانؑ کا تاج ہاتھی دانت کا بنا ہوا تھا۔ Ivory صرف ہاتھی ہی سے حاصل نہیں ہوتا بلکہ دریائی گھوڑے، Walrus اور Narwhal سے بھی Ivory حاصل ہوتا ہے۔ ہاتھی دانت سے Billiard کے گولے، مصنوعی دانت چوڑیاں، پیانو کے پرزے اور کلید کے علاوہ آرائشی کھلونے بنائے جاتے ہیں۔ نباتات سے مصنوعی Ivory بھی حاصل ہوتی ہے۔ Phytelphas سے حاصل کردہ نباتاتی مرکبات اصل Ivory کا نعم البدل ہیں۔

ہاتھی کے پیر کھمبا نما استوانائی اور بڑے ہوتے ہیں۔ ان میں بیرونی جانب واضح انگلیاں نہیں دکھائی دیتیں بلکہ ہر انگلی کے آخری حصّے پر ناخن پائے جاتے ہیں۔ انکی جملہ تعداد پانچ ہوتی ہے۔ اسکے پیر اسکا بھاری وزن سنبھالنے کیلئے نہایت متناسب ہوتے ہیں۔ یہ بغیر آواز کئے خاموشی سے چلتا ہے کیونکہ اسکے تلووں میں نمدہ نما ساخت پائی جاتی ہے۔ یہ پہاڑوں پر بہ آسانی چڑھ جاتا ہے اور ڈھلان پر بہ اطمینان اتر جاتا ہے۔ پہاڑوں اور ناہموار راستوں پر جہاں انسان جانفشانی کے بغیر نہیں پہنچ سکتا ہاتھی ۳۵۰ کیلو سے زائد وزن اٹھا کر آسانی سے پہنچ جاتا ہے۔ ویسے یہ میدانی علاقوں میں ۴۵۰ کیلو سے زیادہ وزن اٹھانے کی صلاحیت رکھتا ہے۔ اسکی رفتار ۱۵ میل فی گھنٹہ سے زیادہ ہوتی ہے۔ یہ گڑھوں

کو پھلانگ نہیں سکتا، ہاتھی میں اچھلنے کی صلاحیت نہیں پائی جاتی۔ چلنے کے دوران ہاتھی کا وزن جس پیر پر پڑتا ہے وہ اپنے نچلے حصے میں پھول جاتا ہے اور چلنے کے عمل کے دوران جب پیر زمین سے اٹھ جاتا ہے تو اپنی اصلی حالت میں لوٹ آتا ہے۔

اسی لیے ہاتھی دلدلی علاقوں میں بآسانی اپنی راہ بنالیتا ہے۔ عام طور پر شناخت کی جانے والی ہاتھی کی نسلیں دو ہیں۔ افریقی اور ہندوستانی۔ انکے علاوہ ایک تیسری نوع پست قد ہاتھیوں کی کیمرون لیبریا اور کانگو میں پائی جاتی ہے انکو Pigmy کہا جاتا ہے انکا قد ۵ تا ٦ فٹ ہوتا ہے اور انکے کان گول ہوتے ہیں Pigmy ہاتھیوں کا وزن ایک ٹن سے زیادہ ہوتا ہے۔ افریقی ہاتھی Loxodont africana کہلاتا ہے جو ۱۱ فٹ اونچا اور ٦ ٹن سے زیادہ وزنی ہوتا ہے۔ دنیا میں سب سے اونچا ہاتھی ۱۵ فٹ تک دیکھا گیا جو Stuff حالت میں برٹش میوزیم میں محفوظ ہے اسکو Elephas antiquus کہتے ہیں۔

افریقی ہاتھی کے داڑھ میں معین نما تہہ دار ساختیں پائی جاتی ہیں یہ ہندوستانی ہاتھی (Elephas maximus) سے کمانی دار پیشانی بڑے کان اور سونڈ کے آخری حصے پر موجود دو مثلث نما انگلی جیسی ساخت کی بنیاد پر تمیز کیا جاسکتا ہے۔ کہا جاتا ہے کہ آفریقی ہاتھی کے بڑے کان دراصل آفریقی گرم ماحول میں ان کو ٹھنڈا یا اعتدال پر رکھنے کا کام انجام دیتے ہیں یہ ہاتھی کے جسم یا سر تک پہنچنے والی گرمی کو منتشر کرتے ہیں، ہندوستانی ہاتھی ہمالیہ کی ترائی نیلگری اور مغربی گھاٹ کے علاوہ کرناٹک، آسام، تھائی لینڈ، کمبوڈیا، برما، سری لنکا اور سمترا وغیرہ میں پائے جاتے ہیں۔ انکے کان چھوٹے اور سونڈ پر صرف ایک ہونٹ نما ساخت پائی جاتی ہے جسکے ذریعہ یہ نہایت چھوٹی اشیا بھی بآسانی اٹھالیتا ہے۔ اسکے داڑھ میں متوازی تہہ دار ساختیں پائی جاتی ہیں۔ ان ہاتھیوں کی اونچائی تقریباً ۱۰ فٹ تک ہوتی ہے۔ ہاتھی کی گردن چھوٹی ہوتی ہے۔ بصارت کمزور ہوتی ہے، یہ ٦۰ فٹ

سے زیادہ فاصلے کی اشیاء کو آسانی سے نہیں دیکھ سکتا، لیکن قوت سامعہ و شامّہ تیز ہوتی ہے جو نظر کے نقص کو پورا کرتی ہے۔ خطرے کے وقت یہ اپنے کان کھڑا کرکے ہوا کی موجوں کے ذریعہ ہلکی آواز بھی سن لیتا ہے اور اپنی سونڈ سے فضا کا جائزہ لیتا ہے۔ اس کی سونڈ میں حساس خلیے پائے جاتے ہیں جو قوت سماعت میں اضافہ کرتے ہیں۔ حتیٰ کے ان کے پیروں میں خاص خلیے پائے جاتے ہیں جو زمین پر کی جانے والی ہلکی ی دھمک کو محسوس کر لیتے ہیں۔ اسکی زبان گول اور گرہ دار ہوتی ہے یعنی اس کی زبان کچھ کم طوطے کی زبان کی مانند ہوتی ہے۔ خیال کیا جاتا ہے کہ اگر ہاتھی کی زبان سیدھی ہوتی تو وہ انسان کی طرح بات کر سکتا۔ دم پر موٹے بال پائے جاتے ہیں جن سے بعض قبائلی زیورات بناتے ہیں۔ اسکا رنگ سیاہی مائل بھورا ہوتا ہے۔

بعض ہاتھی سفید بھی ہوتے ہیں۔ لیکن یہ انکا اصل رنگ نہیں ہوتا بلکہ یہ بھی اسی نسل کے ہاتھی ہیں۔ یہ رنگ بعض علمائے سائنس کے نزدیک فساد خون کے باعث ان کی جلد میں پیدا ہونے والے دھبے ہیں جو ہاتھی کا وصف اور جوہر بن جاتے ہیں۔ ورنہ در حقیقت یہ عیب ہے۔ زمانہ قدیم میں آسام میں سفید ہاتھی کو بادشاہی کی علامت تصور کیا جاتا تھا۔ تاریخ میں سفید ہاتھی کا تذکرہ قال قال ملتا ہے ہوریسؔ کے مطابق رومۃ الکبری میں، ابن بطوطہؔ کے مطابق کانڈی کے راجہ کے پاس اور تاریخ کامل کے مطابق شہاب الدین غوری کے پاس سفید ہاتھی موجود تھے۔ سفید ہاتھی Albino ہی کی ایک قسم ہے جو تھائی لینڈ میں عقیدت کی نگاہوں سے دیکھا جاتا ہے۔ اور بطور سپاس گذاری آج بھی تھائی لینڈ کے پرچم پر اسکی تصویر بنی ہوئی ہے۔

ہاتھی کے بیشتر اندرونی جسمانی اعضا ابتدائی قسم کے ہوتے ہیں جیسے جگر، شش وغیرہ لیکن اسکی کھوپڑی مخصوص قسم کی ہوتی ہے۔ اسکا دماغ بڑا اور تہہ دار ساختیں رکھتا

ہے جو ذہانت کی نشانی ہے۔ ہاتھی رات کو اپنی غذا تلاش کرتا ہے اور کھاتا ہے۔ بعض اوقات یہ صبح کی اولین ساعتوں میں بھی یہ شغل جاری رکھتا دکھائی دیتا ہے۔ عموماً گرما کے زمانے میں دن کے اوقات آرام کرتا ہے اور ایستادہ حالت میں اپنے Tusk کے سہارے ۳تا۴ گھنٹے سو جاتا ہے۔ جو گہری نیند نہیں ہوتی بلکہ اونگھ سے مشابہہ حالت ہوتی ہے لیکن کم عمر ہاتھی زمین پر بھی سو جاتے ہیں۔

ہاتھی کے تعلق سے مشہور ہے کہ وہ فطری موت نہیں مرتا کیونکہ شکاریوں کو کبھی انکی سڑی گلی لاش جنگل میں دکھائی نہیں دی۔ بعض لوگوں کا خیال ہے کہ ہاتھی مرنے سے پہلے انکے قبرستان پہنچ جاتا ہے اور دلدلی علاقے میں چپ چاپ مر جاتا ہے۔ ہاتھیوں میں مدت حمل ۱۸ تا ۲۲ مہینے ہوتا ہے۔ مادہ ہاتھی ایک جھول میں صرف ایک ہی بچہ دیتی ہے اور شاذونادر ہی بیک وقت دو بچوں کو جنم دیتی ہے۔ بچے کی پیدائش سے قبل غول کے دوسرے مادہ ہاتھی اسکو گھیر لیتے ہیں اور وضع حمل تک اسکے ساتھ رہتے ہیں۔ مادہ ہاتھی پانی میں یا پتوں کے نرم بستر پر بچہ دیتی ہے۔ نومولود عموماً ۳تا۴ فٹ اونچا اور ۱۰۰ کیلو سے زیادہ وزنی ہوتا ہے۔ اس پر مٹیالے رنگ کے بالوں کی پرت پائی جاتی ہے جو بعد میں غائب ہو جاتی ہے بچہ اندرون سہ یوم چلنے لگتا ہے۔ تب تک مادہ ہاتھی اسکو اپنے نمائشی دانتوں پر لئے رہتی ہے۔ ماں اسوقت تک اسکی نگہداشت کرتی ہے جب تک کہ وہ ازخود اپنی غذا کھانے کے قابل نہیں ہو جاتا یہ زمانہ عموماً ۴ یا ۵ سال کے عرصہ پر محیط ہوتا ہے۔

ہاتھی کا بچہ ماں کا دودھ منہ سے پیتا ہے سونڈ سے نہیں۔ جیسا کہ زمانہ قدیم میں خیال کیا جاتا تھا۔ کانگو اور افریقہ کے دوسرے علاقوں میں ہاتھی کو جلد، ہڈیوں اور گوشت کی وجہ سے شکار کیا جاتا ہے۔ جبکہ ہندوستان میں اسکو سدھانے کی طرف زیادہ توجہ دی جاتی ہے۔ یہ نہ صرف کام کاج میں انسان کی مدد کرتا ہے بلکہ اسکا استعمال زمانہ قدیم میں جنگوں

میں بھی کثرت سے ہوا کرتا تھا۔ فوج میں آج کل انکے مقام پر ٹینک ہوا کرتے ہیں اسی لئے ہم آج کے دور میں ہاتھیوں کو زندہ دبابے (Living Tanks) کہہ سکتے ہیں۔ جہاں تاریخ میں کچھ جنگیں ہاتھیوں کے ذریعہ لڑی گئی ہیں وہیں کچھ جنگیں ہاتھیوں کیلئے خصوصاً سفید ہاتھی کیلئے بھی لڑی گئی ہیں کہ انکی قیمت چھوٹی سلطنتوں کے گمان سے باہر ہوتی تھی۔ سفید ہاتھی کی اپنے ملک میں موجودگی کو خوش بختی کی علامت سمجھا جاتا تھا۔ اسی لیے کہا جاتا ہے کہ ہماری قوت اور امارت کے دور میں ہم ہاتھی کا استقبال کر سکتے ہیں لیکن جب ہاتھی "باقوت" ہو جاتا ہے تو اسکا استقبال ممکن نہیں رہتا۔

دنیا کے بیشتر ملکوں میں ہاتھیوں کے باعث جنگوں میں فتح حاصل ہوئی ہے اور بعض مرتبہ انکی موجودگی کے باعث شکست بھی اٹھانی پڑی ہے۔ جنگوں میں استعمال ہونے والے ہاتھی کو زیورات سے آراستہ کیا جاتا تھا کہ جنگی اسلحہ اس پر کارگر نہ ہوں۔ Hannibal کی فوج میں ہاتھی شامل تھے شام کے بادشاہ Antiochus اور Epirus کے راجہ Pyrrhus ہاتھی کی قوت کو استعمال کر کے جنگوں میں فتح پاتے۔ لیکن جنگوں میں ہاتھی کا سحر دیر تک برقرار نہ رہ سکا کیونکہ فوجیوں نے انہیں ہلاک کرنے کے لئے ہاتھی کے جسم کے کمزور حصے تلاش کر نکالے۔ جیسے کان اور آنکھ کا درمیانی حصہ جہاں کھوپڑی کی ہڈی نرم اور باریک ہوتی ہے۔ علاوہ اسکے اکثر اوقات ہاتھی خود بے قابو ہو کر اپنی ہی فوج کو روند ڈالتے۔ جسکی وجہ فتح بھی شکست میں تبدیل ہو جاتی۔ Pyrrhus نے ایک جنگ صرف ہاتھیوں کی وجہ سے ہاری تھی۔

ہندوستان میں بابرؔ کی فتح کا راز بھی مقابل فوج کے ہاتھیوں کا اپنی ہی فوج کو روندنا تھا۔ رومی قوم ہاتھی کو دوسرے جانوروں سے لڑا کر تماشا دیکھا کرتی تھی۔ یونانیؔ اور جرمنؔ حکمراں ہاتھی کو بطور تحفہ دوسرے حکمرانوں کو پیش کیا کرتے۔ روسؔ میں پہلی بار ہاتھی

اہل فارس نے بطور تحفہ وقت کے حکمراں کو بھجوایا تھا جسکو عوام بڑے ذوق و شوق سے دیکھنے کے لئے جمع ہوا کرتے۔

آج ہاتھیوں کی تعداد میں دن بدن کمی ہوتی جارہی ہے زمانے نے بہت ترقی کرلی ہے لیکن اس کے باوجود ہاتھی آج کے مشینی دور میں بھی انسان کی خدمت میں جٹا ہوا ہے بالکل اسی طرح جس طرح وہ صدیوں سے انسان کی خدمت کرتا آرہا ہے۔ اسی لیے ہاتھیوں کو پالتو بنانے کا سلسلہ آج بھی جاری ہے جو نہایت دلچسپ ہوتا ہے۔ اس طریقۂ عمل میں سدھائے ہوئے ہاتھیوں کی مدد سے انسان رسیوں اور زنجیروں سے وحشی ہاتھی کو جکڑ کر بھوکا رکھتا ہے۔ اور بھوک سے نڈھال ہاتھی کی جب ایک مہاوت خدمت کرتا ہے تو وہ ہاتھی اس مہاوت سے اسقدر ہل مل جاتا ہے کہ اسکے ہر اشارے پر ناچنے لگتا ہے۔

ہندوستان میں ہاتھیوں کی تربیت کیلئے کئی اسکول قائم ہیں تاکہ انکو لکڑی کاٹنے کی مشینوں میں لکڑی اٹھانے پر مامور کیا جاسکے۔ ہاتھی سدھانے کے بعد اسقدر وفادار و اطاعت گذار بن جاتا ہے کہ کارخانوں میں سیٹی کی آواز پر اپنے مقررہ کام پر چلا جاتا ہے اور چھٹی کی آواز تک کام کرتا رہتا ہے۔ ہاتھی نہایت وفادار جاندار ہے سائنسدانوں کے نزدیک ہاتھی کی یہ وفاداری ابھی تک ناقابلِ فہم ہے کہ سدھایا ہوا ہاتھی کبھی اپنے متعلقہ غول سے مل جائے جہاں غذا اور پانی کی وافر مقدار پائی جاتی ہے تب بھی وہ اپنے مالک کے پاس واپس آجاتا ہے حالانکہ ہاتھی کے اس گلّے میں اسکے خونی رشتہ دار موجود ہوتے ہیں۔ ماہرین حیوانات بتاتے ہیں کہ جانور بھی انسان سے محبت کرتا ہے اور جانور کی اس محبت کا سلسلہ اسوقت تک دراز ہوتا ہے جب تک کہ انسان کا طرز عمل اعتدال پر ہو۔ لیکن جب انسان کا طرز عمل اور برتاؤ بدل جاتا ہے تو وہ انسان کی محبت کو فراموش کر دیتا ہے۔ اسی لیے رسول خداؐ نے جانوروں کو سفر کے دوران بھی سہولت فراہم کرنے کی تلقین فرمائی

ہے اور جانوروں کے منہ پر مارنے سے منع فرمایا ہے کیونکہ نہ صرف انسان بلکہ جانوروں کی بھی فطرت ہوتی ہے کہ وہ چہرے کی ضرب کو ذلّت سمجھتے ہیں۔ ایک جہاں دیدہ شخص نے اپنے چشم دید واقعہ میں بتایا ہے کہ:

ایک ہاتھی نے اپنے مہاوت کو محض اس لیے پیر سے کچل ڈالا کہ اس نے ہاتھی کے منہ پر مارا تھا۔

٭ ٭ ٭

چمپانزی Chimpanzee

و لقد علمتم الذین اعتدوا من کم فی السبت فقلنا لھم کونوا قردۃً خاسئین۔ (البقرہ۔۶۵)

(پھر تمہیں اپنی قوم کے ان لوگوں کا قصہ تو معلوم ہی ہے جنہوں نے سبت کا قانون توڑا تھا،ہم نے انہیں کہہ دیا کہ "قرد" بن جاؤ،اور اس حال میں رہو کہ ہر طرف سے تم پر دھتکار پھٹکار پڑے۔ (البقرہ۔۶۵)

قرآن میں اس جاندار یعنی بن مانس کا تذکرہ تین مرتبہ آیا ہے، بن مانس کو Ape کہا جاتا ہے۔ قرآن میں اس کا ذکر مندرجہ بالا آیت کے علاوہ مزید دو جگہ موجود ہے (۱) سورہ الاعراف کی آیت نمبر ۱۶۶ میں لکھا ہے کہ "پھر وہ پوری سرکشی کے ساتھ وہی کام کئے چلے گئے جس سے انہیں روکا گیا تھا تو ہم نے کہا" قرد" ہو جاؤ ذلیل و خوار" اور (۲) سورہ المائدہ کی آیت نمبر ۶۰ میں لکھا ہے "وہ جن پر خدا نے لعنت کی ، جن پر اس کا غضب ٹوٹا، جن میں سے بندر اور سور بنائے گئے"

عربی زبان میں Ape کو "قرد" کہا جاتا ہے جبکہ بندر کے لئے "سعدان" کا لفظ استعمال ہوتا ہے لیکن کچھ مفسرین اور مترجمین نے 'قرد' کا ترجمہ بندر کیا ہے جبکہ "وکیپیڈیا" کی نئی عربی لغت کے مطابق قرد کے معنی Ape ہیں، قدیم مفسرین کے بندر ترجمہ کرنے کی وجہ شاید یہ رہی ہوگی کہ Ape کا لفظ اس صدی کے تقریباً وسط سے رائج ہے، قبل ازیں اس کی تعریف وضع نہیں کی گئی تھی ویسے یہ اصطلاح عرصہ قبل وضع

ہوئی لیکن اس کو عام انداز میں رواج پانے کے لئے کافی وقت لگا۔ علاوہ ازیں قدیم زمانے میں حیوانات کی جماعت Ape سے متعلق جانداروں کو بندر ہی کہا جاتا تھا۔ دراصل Ape ایک وسیع خاندان کا نام ہے جس میں کئی ایک جاندار شامل ہیں، یہ تمام جاندار ایک دوسرے کے قریبی رشتہ دار ہیں، لیکن ہم جس کو بندر کہہ کر مخاطب کرتے ہیں وہ Ape کا قریبی رشتہ دار نہیں ہے لیکن ان میں سائنسی اور درجہ بندی کے اصولوں کے لحاظ سے رشتہ ضرور ہے، بندر اور Ape میں بڑا فرق ہوتا ہے بندر کو دم ہوتی ہے جبکہ Ape کو دم نہیں ہوتی وغیرہ وغیرہ آج دنیا میں گریٹ Apes کی تعداد چار ہے (۱) چمپانزی (۲) Orangutans (۳ Gorilla (۴ Bonobos)۔ جس طرح وھیل کو انواع کا خیال کئے بغیر ایک ہی جاندار تصور کیا گیا ہے اسی طرح دوسرا حیوانی عجوبہ Apes کو قرار دیتا ہوں لیکن تفصیلات صرف ایک ہی نوع یا جاندار کی بیان کی جائیں گی، یہ جاندار چمپانزی ہے۔ پہلے میرا ارادہ تھا کہ چمپانزی کی جگہ "گوریلا" کے متعلق لکھا جائے لیکن مجھے زیادہ جاذبیت 'چمپانزی' میں نظر آئی۔ جیسے کہ بیان کیا جاچکا ہے چمپانزی ایک Ape ہے، جیہ جاندار Hominidae خاندان سے تعلق رکھتا ہے اور اسی خاندان سے درجہ بندی کے اعتبار سے حضرت انسان بھی تعلق رکھتے ہیں۔ اسی لئے سائنسدان یہ ثابت کرنے پر مصر رہتے ہیں کہ انسان بھی ان Apes کے رشتہ دار ہیں، فارسی میں Ape کو "کپی" کہا جاتا ہے جبکہ بندر کو "میمون" کہا جاتا ہے۔ ہندوؤں کی مقدس کتابوں میں Apes، بندر اور اس کے دوسرے قریبی جانداروں کا ذکر بار بار ملتا ہے، لارڈ ہنومانؔ کی شکل بھی Apes کی شکل پر ہے۔ دنیا کی قدیم تہذیبوں جیسے مصری، ہندی، ملائی وغیرہ میں بھی اس جاندار کا ذکر موجود ہے۔ قدیم عرب تہذیب میں اس جاندار کو شیطان کی علامت تصور کیا جاتا تھا۔

چمپانزی کو دنیا کے ذہین جانوروں میں اونچا درجہ حاصل ہے۔ جسکی وجہ اسکے ذہن کی ساخت سوچنے سمجھنے کا انداز، خوشگوار طور طریقے اور سماجی برتاؤ ہے۔ چمپانزی کے DNAکا جب انسان کے DNA سے تقابل کیا جاتا ہے تو پتہ چلتا ہے کہ انکاDNA انسان کے DNA سے ۹۹ء۴ فیصد مشابہت رکھتا ہے۔ اسی لیے ہم اس جاندرا کو انسان کا قریبی رشتہ دار کہہ سکتے ہیں۔ یہی وجہ ہے کہ میں نے Ape کو میری فہرست میں دوسرے نمبر پر رکھا ہے۔ ان جانداروں کو تربیت دینا بہت آسان ہے کیونکہ ان میں سے سیکھنے کا مادہ دوسرے جانداروں کے مقابلے میں زیادہ پایا جاتا ہے۔ شاید یہی وجہ ہے کہ انسان نے جب خلا پر کمندیں ڈالیں تو کسی بھی انسانی زندگی کے ضائع ہونے کے خدشے کے پیش نظر خلانوردی کے لیے انہوں نے انسان کا انتخاب نہیں کیا بلکہ قرعہ فال چمپانزی کے نام اٹھایا کیونکہ اس جاندار میں احکامات کو سننے، سمجھنے اور ان پر عمل کرنے کی زیادہ صلاحیت پائی جاتی ہے۔ شاید یہی وجہ تھی کہ ۱۹۶۱ میں امریکہ کی خلائی مہم پر Ham نامی چمپانزی کو روانہ کیا گیا جس نے نہایت کامیابی سے ذمہ داری کو نبھایا۔ اسکے علاوہ ایک مریخی مہم میں بھی چمپانزی ہی کو بھجوایا گیا جسکا نام Enos تھا۔

چمپانزی اپنے جذبات کا اظہار چہرے کے ذریعہ کرتا ہے۔ آئینہ دیکھ کر خوش ہوتا ہے، اپنی تصویر کو شناخت کرنے کی صلاحیت رکھتا ہے۔ چہرے کے خطوط کے ذریعہ خوشی یا ناراضگی کا اظہار کرتا ہے اور جب بہت زیادہ خوش ہوتا ہے تو تالیاں بجانے لگتا ہے۔ غصّے کی حالت میں دانت کپکپاتا ہے اور زبان سے بے ربط آوازیں نکالنے لگتا ہے اور دانت کچکچا کر مقابل پر حملہ کرنے کی سونچتا ہے، اس کے دانت انسان سے بہت زیادہ مشابہہ ہوتے ہیں ان میں جملہ ۳۲ دانت پائے جاتے ہیں چونکہ اس جاندار میں ایسی خصوصیات پائی جاتی ہیں جو انسانی فطرت کا خاصہ ہیں اسی لیے ہم اس جاندار میں کچھ ایسے حرکات و سکنات

دیکھتے ہیں جو انسانوں میں مستعمل روزمرہ طریقوں سے بہت قریب ہوتے ہیں۔ مثلاً اگر دو چمپانزی کچھ عرصہ ایک ساتھ رہ لیں تو رخصت ہوتے ہوئے بالکل انسانوں کے رسم و رواج کا مظاہر کرتے ہیں یعنی انسانوں کی طرح وداعی سلام کرتے ہیں، ہاتھ کو ہاتھ سے مس کرتے ہیں یا اپنے چہرے کو دوسرے چمپانزی کے چہرے کے قریب لاکر بوسہ لیتے ہیں۔ انسانوں کی طرح یہ نہ صرف زندگی کے مسائل کو سمجھتے ہیں بلکہ انکا حل بھی ڈھونڈ نکالتے ہیں۔ ان میں انسانی بیماریاں جیسے ملیریا، نمونیا وغیرہ بھی پائی جاتی ہیں اور یہ انسانوں کی طرح صرف ۸ یا ۹ گھنٹے ہی سوتے ہیں۔ بعض سائنس دان خیال کرتے ہیں کہ HIV بھی انسان میں چمپانزی کے توسط سے آیا لیکن ان میں یہ وائرس غیر فعال ہوتا ہے چمپانزی میں اس وائرس کو SIV کہا جاتا ہے۔ علاوہ اسکے اس جاندار کو قدرت نے ایک عجیب خصوصیت ودیعت کی ہے کہ ہر چمپانزی اپنا علاج خود کرتا ہے اس میں مرض کو نہ صرف سمجھنے کی صلاحیت ہوتی ہے بلکہ یہ دوا تجویز کرنے پر بھی قادر ہوتے ہیں جیسے کہ پودوں کے مشہور خاندان Aspilia کے پتوں کے استعمال سے ظاہر ہے۔ اس خاندان کے پودوں میں Thiarubarin-A زیادہ پایا جاتا ہے جو نہ صرف دافع فنگس ہے بلکہ بہترین ضد حیاتیہ (Antibiotic) بھی ہے یہ اینٹی بائیوٹک معدے کے کئی امراض میں کارگر ہے۔ حتیٰ کہ یہ جاندار برتھ کنٹرول کی دواؤں سے واقف ہیں۔ چمپانزی اکثر اوقات اپنی غذائی تبدیلی کے باعث پیٹ کے درد یا معدئی بیماریوں میں مبتلا ہوتے ہیں ان بیماریوں کا تیر بہدف علاج بھی انکے پاس موجود ہوتا ہے جسکا وہ آئے دن مظاہرہ کرتے ہیں۔ پتوں کو پہچاننے کے لئے خدا کی عطائی صلاحیت کام آتی ہے کہ وہ Aspilia کے پتے کو پہچان جاتے ہیں حالانکہ اس جیسی شکل و صورت رکھنے والے کئی پتے گرد و نواح میں پائے جاتے ہیں۔ انکے علاوہ انکی ایک قابل ذکر خصوصیت یہ بھی ہے کہ یہ انسان کے

مقابلے میں زیادہ تعدد (Frequency) کی آواز سننے کی صلاحیت رکھتے ہیں انسان ۲۴۰۰۰ ہرٹز تک کی آواز سن سکتا ہے۔ جبکہ چمپانزی ۳۳۰۰۰ کیلو ہرٹز آواز سننے کی صلاحیت رکھتا ہے۔

سائنس دانوں کا خیال ہے کہ چمپانزی مخصوص تربیت کے بعد انسانی زبان سمجھنے لگتا ہے اور خود مختلف اشاروں سے گفتگو کرتا ہے یہ جسمانی زبان (Body Language) کو سمجھنے اور دوسرے جانداروں کو اس زبان میں سمجھانے میں ماہر ہوتا ہے۔ اس زبان کو Gestural Visual کہا جاتا ہے۔ یہ زبان بہرے افراد کے لیے استعمال کی جانے والی زبان سے بہت حد تک مشابہ ہوتی ہے۔ اپنی بات دوسرے جانداروں تک پہنچانے کا فن صرف حضرت انسان ہی کو نہیں آتا بلکہ کئی جاندار اس فن سے واقف ہیں لیکن ان کے طریقے جداگانہ ہیں۔ اسکی بہترین مثال شہد کی مکھی ہے جو اپنے سحر انگیز رقص کے ذریعہ دوسری شہد کی مکھیوں تک مختلف اطلاعات پہنچاتی ہے۔ کئی کیڑے بوئے برانگیختہ یعنی Phermons کا اخراج عمل میں لاتے ہیں تاکہ مادہ کو راغب کرسکیں۔ ہاتھی اپنی مادہ کو بلانے کے لیے ایک مخصوص آواز نکالتا ہے جس کا تعدد (فریکونسی) انسانی کانوں کو سنائی دینے والی آواز سے کم ہوتا ہے لیکن یہ آواز کئی میل دور ہاتھیوں کو سنائی دیتی ہے۔ جہاں تک اپنی بات پہنچانے کا فن ہے چمپانزی میں یہ صلاحیت بہت زیادہ پائی جاتی ہے۔ تجربات سے ثابت ہے کہ جانوروں کی دنیا میں چمپانزی کے علاوہ دوسرا جاندار طوطا (پرندہ) ہے جو نہ صرف بہترین نقل کرتا ہے بلکہ سلیقے سے اپنی بات مقابل تک پہنچاتا ہے۔ اگر سدھائے ہوئے پرندے سے سوال کیا جائے تو معلوم ہوگا کہ یہ پرندہ اکثر سوالات کے جوابات دیتے ہوئے مکمل سمجھ داری کا مظاہرہ کرتا ہے، حالانکہ ابتداً یہ سمجھا جاتا تھا کہ طوطا صرف نقل کرسکتا ہے اور اسکو عقل سے دور کا بھی واسطہ نہیں ہوتا لیکن بعض

تجربات نے اس خیال کو غلط ثابت کیا ہے۔ سائنس دانوں نے چمپانزی سے متعلق مختلف نتائج کو اخذ کرنے کے لیے Kanziاور Lanaنامی چمپانزی پر کئی تجربات کئے۔ چونکہ چمپانزی کا آواز پیدا کرنے کا آلہ انسان سے مختلف ہوتا ہے اسی لیے انسان نے اسکو "اشاراتی زبان" (Sign Language) سکھانے کی طرف زیادہ توجہ دی۔ نئی تحقیق کے مطابق انسانوں اور چمپانزی کے دماغ کا وہ حصہ جو لینگویج کو کنٹرول کرتا ہے ایک دوسرے سے بڑی حد تک مشابہ ہوتا ہے۔ اس کو Planum temporate کہا جاتا ہے کہ یہ عضو دوسرے جانداروں کے دماغ میں نہیں پایا جاتا اس عضو کی ان دونوں جانداروں میں موجودگی خود نظریہ ارتقاء کے لیے ٹھوس ثبوت فراہم کرتی ہے۔ لیکن چمپانزی میں یہ عضو ترقی یافتہ نہیں ہوتا۔ اسکے باوجود چمپانزی اپنے جذبات کو ظاہر کرنے اور اپنے ساتھیوں کو بلانے کے لیے ۳۴ مختلف طریقے استعمال کرتا ہے۔

مندرجہ بالا مثبت شواہدات کے باوجود بھی بعض سائنس دانوں کا خیال ہے کہ چمپانزی پر کی جانے والی تمام محنتیں رائیگاں گئی ہیں کیونکہ مسلسل محنت کے باوجود بھی وہ چند ایک الفاظ سیکھنے سے آگے نہ بڑھ سکا۔ اس طرح یہ بات پایہ تقویت کو پہنچتی ہے کہ ان میں سیکھنے کا عمل انتہائی ابتدائی ہوتا ہے۔ جبکہ پرندوں پر کئے گئے تجربات ثابت کرتے ہیں کہ پرندوں میں زبان سیکھنے کی قوت بدرجہ اتم پائی جاتی ہے۔ اسی لیے یہ نہ صرف کامیابی سے نقل اتارتے ہیں بلکہ تجزیاتی عمل کے ذریعہ سوالات کے صحیح جوابات دینے کی کوشش بھی کرتے ہیں۔ اسی لیے ارتقاء کی کہانی غیر حقیقی محسوس ہوتی ہے۔ کیونکہ اس نظریہ کے مطابق انسان کا قریبی رشتہ دار چمپانزی ہے اور انسان کی کئی ایک خصوصیات میں قوت نطق اہمیت کی حامل ہے اسی لیے چمپانزی میں الفاظ کی ادائیگی کم از کم ابتدائی شکل میں پائی جانی چاہئے۔ لیکن جب اس خصوص میں بغور جائزہ لیا گیا تو معلوم

ہوا کہ ان میں ایسی کوئی صلاحیت نہیں پائی جاتی۔ Kanzi تجربات بچوں کا کھیل نظر آتے ہیں اور دل ان حقائق کی روشنی میں یہ کہنے پر مجبور ہو جاتا ہے کہ اس دنیا کو خدائے تعالیٰ نے ایک سوچے سمجھے منصوبے کے تحت پیدا فرمایا ہے۔ دنیا کی ہر ایک شئے، ہر ایک جاندار بشمول حضرت انسان روزاول ہی پیدا کر دئے گئے لیکن خالق نے اپنی تمام مخلوقات اور کائنات کی اشیاء کے مابین ایک عجیب رشتہ پیدا فرما دیا کہ ماحول اور وقت کے مطابق انسان کو ان جانداروں میں تبدیلیاں نظر آتی ہیں جس کو وہ ارتقاء کا نام دیتا ہے، میری نظر میں ارتقا دراصل خالق کا جاری کردہ ایک نظام قدرت ہے جس کے تحت ہر شئے اپنی تخلیق کے مقصد کی طرف گامزن ہوتی ہے۔ اسی لیے فلاسفہ لفظ "کن" کو ایک لمحہ قرار نہیں دیتے بلکہ ایک مسلسل عمل کہتے جو آج بھی کچھ تحدیدات کے ساتھ کائنات میں جاری ہے اسی لیے شاعر کہتا ہے کہ۔

یہ کائنات ابھی ناتمام ہے شاید
کہ آرہی ہے دمادم صدائے کن فیکون

بالفرض محال اگر مان لیا جائے کہ سائنس کے مطابق ارتقا ہوا تھا تو چمپانزی کو گفتگو کی شدھ بدھ ہونی چاہیے تھی۔ لیکن نظریہ ارتقاء کے حامی اس کی اشاراتی زبان کو بار بط گفتگو سمجھنے پر مصر ہیں حالانکہ یہ ان کا خیال خام ہے۔ بعض سائنس دان چمپانزی کی کھوپڑی کے سائز سے یہ ثابت کرنا چاہتے ہیں کہ یہ انسان سے قریب ہے لیکن اسکی دماغی صلاحیت کو بھول جاتے ہیں جب کہ سائز میں نہایت چھوٹا پرندوں کا دماغ صلاحیت کے اعتبار سے انسان سے قدرے قریب نظر آتا ہے کہ یہ کم از کم کامیاب نقل اتارنے کی کوشش کرتا ہے۔

آواز کا پیدا ہونا ایک پیچیدہ عمل ہے اور جاندار کے لیے کسی بھی سوال کا قبل ازیں

سماعت کردہ الفاظ کی صورت میں جواب دینا ایک منطقی عمل ہے جو اس جاندار میں عقل کے استعمال پر دلالت کرتا ہے۔ اس طرح پرندے سکھانے کے بعد عقل کے استعمال سے واقف نظر آتے ہیں لیکن چمپانزی اس صلاحیت سے عاری ہے اسی لیے نظریہ ارتقا ایک ڈھونگ محسوس ہوتا ہے کہ گذشتہ دنوں نئ تحقیق نے ارتقا کے اہم ترین ثبوت Archaeopteryx کے وجود سے انکار کیا ہے اور اسکو فراڈ قرار دیا ہے۔ اسی طرح کچھ برس قبل طوطے کے جبڑے کی ہڈی دریافت ہوئی جسکی عمر مختلف تجربات کے بعد ۱۸۰ ملین برس قرار دی گئیں لیکن جب اسکا باریک بینی سے جائزہ لیا گیا تو پتہ چلا کہ موجودہ دور کے طوطے کی ہڈی اور اس قدیم ترین ہڈی کی ساخت اور دوسری جزیات میں کوئی فرق نہیں ہے۔ ۱۸۰ ملین برس قبل کا زمانہ ٹائم اسکیل کے مطابق جیوراسک (Jurassic) دور تھا جس کے بارے میں سائنس دان کہتے ہیں کہ یہ دور رینگنے والے جانداروں کا دور تھا اور نظریہ ارتقاء کے لحاظ سے ابھی پرندے پیدا ابھی نہیں ہوئے تھے۔ لیکن موجودہ دور میں دریافت ہوئی طوطے کی ہڈی نظریہ ارتقا کے حاملین پر ضرب کاری ہے جسکی مار سے یہ ابھی سنبھل نہیں پائے ہیں اسی لئے لایعنی دلیلوں میں دنیا کو الجھانے کی کوشش کرتے رہتے ہیں۔ اس تمام جائزے کے بعد انسان اور چمپانزی میں رشتہ قائم کرنا محض خام خیالی ہے، حقیقت یہ ہے کہ چمپانزی انسان کے قریب قریب تک بھی نہیں پہنچ سکتا۔

چمپانزی ایک پستانیہ ہے جو Primates کے ایک خاندان Hominidae سے تعلق رکھتا ہے۔ انسان کی Genus کا نام Homo ہے جبکہ چمپانزی اور اسکے دوسرے قریبی جانداروں کی Genus کا نام Pan ہے۔ نئ تحقیق کے بعد سائنس دان اس جاندار کو Homo میں شامل کرنے پر زور دے رہے ہیں کیونکہ انسان اور اس جاندار کے

DNA میں کافی زیادہ مشابہت پائی جاتی ہے۔ چمپانزی کی چار انواع ہیں (۱) Pan troglodytus verus ۲) Pan troglodytus vellorosus ۳) Pan troglodytus troglodytus ۴) Pan troglodytus schewein furthi)

چمپانزی کی عمر ۴۰ تا ۵۰ سال ہوتی ہے۔ انکا قد ۷۰ سے ۱۰۰ سینٹی میٹر تک ہوتا ہے ، ان کا "نر" مادہ کے مقابلے میں اونچا ہوتا ہے۔ ان کا وزن ۴۰ تا ۶۰ کیلو کے درمیان ہوتا ہے۔ سارے جسم پر کالے یا بھورے بال ہوتے ہیں چہرہ انسان سے قدرے مشابہت رکھتا ہے۔ لیکن ہونٹ بڑے ہوتے ہیں عام طور پر چہرے اور ہتیلیوں پر بال نہیں پائے جاتے۔ عام Apes کی طرح ان میں دم نہیں پائی جاتی۔ کان کافی بڑے ہوتے ہیں اگلے اور پچھلے جوارح نہایت پتلے اور لمبے ہوتے ہیں یہ جاندار زیادہ تر یوگانڈا، تنزانیہ، نائیجیریا، گھانا، مالی، کانگو، انگولا وغیرہ میں پائے جاتے ہیں۔

ان کی بود وباش عموماً ایسے مقامات پر ہوتی ہے جہاں میدانی علاقہ ہوتا ہے۔ ویسے یہ کبھی کبھی گھنے جنگل یا گھاس والے علاقے میں بھی دکھائی دیتے ہیں۔ انکی غذا پھل، پھول، پھلیاں، پتے، گھاس، انڈے، کیڑے وغیرہ ہوتی ہے۔ کبھی کبھی یہ چھوٹے چھوٹے فقری جانداروں کو بھی کھا جاتے ہیں۔ یہ غذا کے حصول اور شکار کے معاملے میں اتحاد کا ثبوت دیتے ہیں۔ اگر کسی جگہ غذا کا ذخیرہ دکھائی دے تو یہ آوازیں نکال نکال کر دوسرے ساتھیوں کو بلا لیتے ہیں اور سب مل جل کر کھاتے ہیں۔ یہ انسان کی طرح دن کے اوقات غذا تلاش کرتے ہیں اور رات کو آرام کرتے ہیں۔ غذا حاصل کرنے کے لیے اوزار اور مختلف ہتیار استعمال کرتے ہیں بلکہ یہ ہتیار بنانے کی صلاحیت بھی رکھتے ہیں۔ یہ جاندار شہد کا بڑا رسیا ہوتا ہے اور شہد نکالنے کے لیے اوزار کا استعمال کرتے ہیں۔ یہ دیمک بڑے شوق سے کھاتے ہیں اور اوزار کی مدد سے انکو بلوں سے نکالتے ہیں۔ Nuts یا اخروٹ کو

توڑنے کے لیے پتھر کا استعمال کرتے ہیں اگر انکی حاصل کردہ غذا پر کوئی دوسرا قبضہ کرنے کی کوشش کرے تو اسکو پتھر مار مار کر بھگاتے ہیں۔ انکے پانی حاصل کرنے کا طریقہ دلچسپ ہوتا ہے، یہ پہلے خاص پتوں کو چبا کر اسکا گولہ بناتے ہیں اور اس گولے کو پانی میں بھگو کر اس میں جذب شدہ پانی کو اپنی ضروریات کے لیے استعمال کرتے ہیں۔ یہ پانی سے کافی دور بھاگتے ہیں، تیراکی کا قطعی شوق نہیں رکھتے بلکہ بعض سائنس دانوں کے مطابق یہ تیرنا نہیں جانتے۔

فرصت کے اوقات میں ایک چمپانزی دوسرے چمپانزی کے بالوں سے چھوٹے طفیلی جانداروں کو علیحدہ کرتے ہیں۔ اگر جنگل میں کبھی انہیں baboons مل جائیں تو یہ ایک دوسرے کے ساتھ کھیلتے ہیں۔ یہ عموماً چار پیروں سے چلتے ہیں لیکن کبھی کبھار انسان کی طرح دو پیروں پر چلتے ہوئے بھی دکھائی دیتے ہیں کیونکہ انکے پیروں کی ساخت انسانوں جیسی ہوتی ہے۔ ان کی چال کو "مشت پیمائی "(Knuckle-walking) کہا جاتا ہے، یہ زمینی جاندار ہیں لیکن اکثر اوقات گذر بسر درختوں پر کرتے ہیں، درخت کی شاخوں پر جھولتے ہوئے آگے بڑھنا ان کا محبوب مشغلہ ہے۔ یہ درختوں پر گھونسلے بنا کر رہتے ہیں۔ دوسرے کئی جانداروں کی طرح یہ بھی گروپس کی شکل میں رہتے ہیں۔ ہر گروپ میں کئی نر اور کئی مادائیں ہوتی ہیں۔ گروپ میں افراد کی تعداد ۲۰ سے ۱۵۰ تک ہوتی ہے۔ ہر گروہ کی ایک سلطنت ہوتی ہے جسکا علاقہ جنگل میں ۲۰ کیلو میٹر اور میدانی علاقے میں ۸۰ کیلو میٹر پر محیط ہوتا ہے۔

چمپانزی میں بچوں کی نگہداشت کا بہت بڑا سلیقہ پایا جاتا ہے۔ مادہ ۱۳ اور "نر" چمپانزی ۱۶ کی عمر میں بالغ ہوتے ہیں، ان میں ۳۶ دن کے وقفے سے ماہواری ہوتی ہے۔ ان میں مدت حمل ۸ مہینے ہوتی ہے۔ ایک جھول میں عموماً ایک ہی بچہ پیدا ہوتا ہے۔ لیکن

کبھی کبھار جڑواں بچے بھی ہوتے ہیں۔ پیدائش کے وقت انکاوزن دو کیلو سے کم ہوتا ہے۔ تقریباً پانچ مہینوں تک ماں بچوں کی مکمل دیکھ بھال کرتی ہے۔ چھ مہینوں کے بعد بچہ چلنا شروع کرتا ہے لیکن اسکے باوجود بھی انسان کی طرح ایک عرصہ دراز تک ماں پر منحصر ہوتا ہے۔ تین سال کی عمر تک دودھ پیتا ہے۔ چار سال کی عمر تک ماں کی پیٹھ پر بیٹھ کر ہی سفر کرتا ہے۔ اسکے بعد آزادانہ چلنا شروع کرتا ہے، جب ماں دوسری مرتبہ حاملہ ہوتی ہے تو یہ بچہ اس سے قدرے الگ ہو جاتا ہے اور اپنی ہی عمر کے دوسرے چمپانزی کے ساتھ دوستی گانٹھ لیتا ہے۔ اس عمر میں وہ گروہ کے تجربہ کار افراد سے رموز زندگی معلوم کرتا ہے۔ سماجی طور طریقے سے واقف ہوتا ہے اور غذا حاصل کرنے کے گر سیکھتا ہے۔ لیکن ماں چمپانزی زندگی بھر انسانوں کی طرح بچے کو قریب کرنے کی کوشش کرتی رہتی ہے، اور جب کبھی ملاقات ہوتی ہے تو اپنایت کے جذبات کا اظہار کرتی ہے۔

چمپانزی آج معدومیت کے دہانے پر کھڑا ہوا ہے۔ دنیا کے مختلف مقامات پر اسکو بچانے کی کوششیں چل رہی ہیں۔ اسی لیے اسکو Red Data Book میں شامل کیا گیا ہے۔ ساری دنیا میں آج انکی تعداد صرف ڈیڑھ لاکھ کے قریب ہے اور قدرتی حوادثات کی وجہ اس تعداد میں بھی مسلسل کمی واقع ہوتی جا رہی ہے۔ جنگل کی کٹوائی کے باعث انکے قدرتی علاقہ رہائش میں کمی ہو رہی ہے اس طرح یہ جاندار قدرت کی چیرہ دستیوں اور انسانی بے رحم ہاتھوں سے خود کو بچا نہیں پا رہا ہے۔ کیونکہ جنگل میں ان جانوروں کے ساتھ رہنے والے جنگلی انسان اپنی غذائی ضرورت کے لیے انکا شکار کرتے ہیں اور مہذب انسان ان کی تعداد کو اپنی تحقیق کا زینہ بنا کر کم کرتے ہیں۔ یعنی دونوں صورتوں میں انکی تعداد گھٹتی جا رہی ہے۔ میں جب کبھی سوچتا ہوں کہ ہر اعتبار سے انسان سے قریب رشتہ رکھنے والے ان جانداروں کو اگر قوت گویائی مل جائے تو شاید وہ ہمیں یہ کہتے ہوئے

دکھائی دیں گے کہ "اے درد مند دل رکھنے والے بھائیو۔ انسانوں کے بہترین مستقبل کے لیے ہمیں ہمارے انسا نیکزن سے بچاؤ" آج بچاؤ کی مختلف تدابیر استعمال کرنے کے باوجود نہ صرف چمپانزی بلکہ اسکی قریبی انواع بھی آہستہ آہستہ ختم ہوتی جارہی ہیں۔ مثلاً آج گوریلا کی تعداد صرف ایک لاکھ کے قریب ہے، Baboon کی تعداد پندرہ ہزار سے بھی کم ہے Orangutan صرف دو تا تین ہزار موجود ہیں اورایک اندازے کے مطابق Gibbon اس روئے زمین پر صرف دوڈھائی ہزار باقی بچے ہیں۔ اگر یہ محدود تعداد بھی کسی وجہ ختم ہوجائے تو پھر ہم ان جانداروں کو کتابوں کے صفحات یا تصویری فلموں میں ہی دیکھ سکیں گے۔

جب کبھی یہ جاندار انسانی شہری آبادیوں میں آتے ہیں تو اکثر علاقوں میں یہ دیکھا گیا ہے کہ انسان ان سے محبت آمیز برتاؤ کرتا ہے اور چمپانزی بھی انسان سے قریب ہونے کی کوشش کرتا ہے یہ جاندار انسانوں سے بہت جلد مانوس ہوجاتا ہے اور اشاروں کی زبان میں یہ احساس دلانے کی کوشش کرتا ہے کہ ہم سے دور مت بھاگو کیونکہ ہم بھی تم جیسے ہی ہیں اور تم بھی اس کو بخوبی سمجھتے ہو کہ ہم تم سے بہت قربت رکھتے ہیں اسی لیے جب کبھی تم کوئی نئی دوا دریافت کرلیتے ہو تو سب سے پہلے ہم ہی پر آزماتے ہو کہ ہم تم سے الگ نہیں۔ بلکہ ہم وہ ہیں جو ہماری زندگیوں کو تمہاری زندگی کی خاطر قربان کرتے ہیں اور ہمیشہ تمہاری سلامتی کے نئے نئے راستے تلاشتے رہتے ہیں۔

***

کنگاروKangaroo: وہ قوی الجثہ جانور جس کا بچہ صرف ایک سنٹی میٹر لمبا ہوتا ہے

وما خلق اللہ فی السماوات والرض لآیات لقوم یتقون (یونس۔٦)

جو چیزیں اللہ نے آسمانوں اور زمین میں پیدا کی ہیں ان میں ان لوگوں کے لئے نشانیاں ہیں جو ڈرتے ہیں۔(یونس٦)

کنگارو مٹیالے بھورے تا لال بھورے رنگ کے عجیب و غریب جاندار ہیں، ان کے جسم پر ملائم "فر" (Fur) پایا جاتا ہے، کنگارو دراصل ایک خاندان کا نام ہے جس بطور اصطلاح تمام جانداروں کے لئے استعمال کیا جاتا ہے اس لفظ کو سب سے پہلے Joseph Banks نے استعمال کیا۔ ویسے ان کی زائد از ٤٠ انواع ہیں لیکن ان میں ٤ قسم کے کنگارو مشہور ہیں (١) لال کنگارو (٢) (Eastern GreyKangaroo ٣ (Western Grey Kangaroo ٤ (Antilopine Kangaroo)

لال رنگ کا کنگارو (Red Kangaroo) بڑا ہوتا ہے، ان کا سر چھوٹا، کان بڑے ہوتے ہیں اس جاندار کے اگلے جوارح کمزور لیکن پچھلے جوارح مضبوط، لمبے اور طاقتور ہوتے ہیں۔ جو اچھلنے (Hopping) میں مدد دیتے ہیں ان ہی جوارح کے سہارے اور دم کی مدد سے کنگارو زمین پر بیٹھتا ہے۔ یہ جاندار تیرنے کے دوران اپنے جوارح کو علیحدہ علیحدہ حرکت دیتے ہیں اور حسب منشا استعمال کرتے ہیں، اگر کبھی خطرہ محسوس کریں تو

اپنے پیروں سے دفاع بھی کرتے ہیں۔کنگارو کی دم مضبوط عضلاتی ہوتی ہے۔اس جاندار میں آگے یا پیچھے چلنے یا بھاگنے کی صلاحیت نہیں پائی جاتی، لیکن پھدکنے یا اچھلنے کی بے پناہ صلاحیت رکھتا ہے، یعنی بیک وقت اپنے دونوں پیر زمین سے اٹھاتا ہے اور آگے بڑھتا ہے، یہ واحد پستانیہ ہے جو حرکت کے لئے پھدکتا ہے، اس جاندار کے ایک اچھال میں تقریباً۶ فٹ اونچائی سے ۱۵ تا ۲۰ فٹ کا فاصلہ طے ہوتا ہے، لیکن جب آہستہ حرکت مقصود ہو تو یہ "crawl-walking" انجام دیتا ہے۔

یہاں اس بات کا اظہار بے محل نہ ہو گا کہ کنگارو کے اچھال بھرے کا عمل اور عمل تنفس ایک دوسرے سے مربوط ہیں یعنی جب اس کے پیر ہوا میں رہتے ہیں تو شش سے ہوا باہر خارج ہو جاتی ہے اور جب اس کے پیر زمین کو چھونے لگتے ہیں تو شش میں ہوا بھرنے لگتی ہے تاکہ مزید اچھلنے کے لئے توانائی پیدا کی جاسکے۔ علاوہ اس کے ان میں اچھلنے کے لئے توانائی عضلات کی جگہ پچھلے جوارح کے "الوتر" (Tendons) میں محفوظ رکھی جاتی ہے، یہ جاندار اچھال بھرنے کے لئے اپنےجوارح کی طاقت کی جگہ اپنے 'ٹنڈن' کی لچک دار حرکت سے اچھال بھرتے ہیں، اسی لئے جس قدر تیزی سے یہ آگے بڑھتے ہیں اسی قدر کم توانائی صرف ہوتی ہے، یہ انداز ان جانداروں کی عجیب و غریب خصوصیت ہے۔ کبھی کبھی ایک اچھال میں کنگارو ۴۰ فٹ سے زائد فاصلہ بھی طے کر لیتا ہے۔ان کے اچھال بھرنے کی رفتار تیز ہوتی ہے اس طرح یہ جاندار اسی طرح اچھال بھرتا ایک گھنٹے میں تقریباً ۶۰ کلومیٹر تک کا فاصلہ طے کر لیتا ہے۔

کنگارو اچھال بھرنے کے بعد جب ہوا میں فاصلہ طے کرتا ہے تو ان کی عضلاتی دم ہوا میں توازن کی برقراری کا کام انجام دیتی ہے اور سمت کے تعین میں مدد دیتی ہے، دم (Tail) بیشتر جانداروں میں پائی جاتی ہے اور ہر جاندار میں مختلف افعال انجام دیتی ہے

، جیسے بندر دم کے سہارے لٹکتا ہے، مگرمچھ اور مچھلیاں دم کی مدد سے تیرتے ہیں، لومڑی اپنی دم کو سردی کے موسم میں بلانکٹ کی طرح استعمال کرتی ہے اور اوڑھ کر سو جاتی ہے، گائے اور اس کے خاندان کے جانداران کے جسم پر بیٹھ کر پریشان کرنے والے کیڑوں کو دم کی مدد سے دور کرتی ہے، چھپکلی اپنی دم کو خطرے کے اوقات توڑتی ہے اور دشمن کے حملے سے بچ کر راہ فرار اختیار کرتی ہے، یہ ان جانداروں کو قدرت کی جانب سے ودیعت کردہ منفرد خصوصیات ہیں جو ساختی اعتبار سے مماثلت رکھنے کے باوجود ہمہ اقسام کے فرائض انجام دیتی ہیں۔ یہی تو قدرت ہے کہ اگر وہ چاہے تو ایک عضو سے کئی کام لے لے اور اگر چاہے تو کئی اعضا کو صرف ایک ہی کام کی انجام دہی پر مامور کردے۔ قرآن میں اس جاندار کا ذکر نہیں ہے، اسلام نے اس کی بہت ساری خصوصیات کو سامنے رکھ کر اس کے گوشت کا حلال قرار دیا ہے بشرطیکہ ان کو صحیح اسلامی طریقے سے ذبح کیا گیا ہوا۔ انجیل، توریت اور ہندوازم کی کتب میں اس جاندار کا تذکرہ نہیں ملتا۔ لیکن ہندوازم میں کنگارو کورٹ کی اصطلاح رائج ہے۔

کنگارو ایک پستانیہ ہے، جو Macropods خاندان سے تعلق رکھتا ہے بلکہ اس خاندان س ء تعلق رکھنے والے تمام ہی جانداروں کو کنگارو کہا جاتا ہے، یہ جاندار عام طور پر آسٹریلیا، نیو جنیوا اور تسمانیہ میں پایا جاتا ہے، شاید اسی لئے یہ جاندار آسٹریلیا کا قومی نشان بھی ہے، اس جاندار کو آسٹریلیا کے پوسٹل اسٹامپ اور سکوں پر بھی جگہ دی گئی ہے، گذشتہ کچھ برس قبل اس جاندار کو ہوائی، اور نیوزی لینڈ میں متعارف کروایا گیا جہاں ان کی نسل آگے بڑھ رہی ہے۔ عام طور پر یہ جاندار ۶ء۱ فٹ لمبا اور تقریباً ۷ فٹ اونچا ہوتا ہے، "نر" کا اوسط وزن ۵۰ کلو سے زیادہ ہوتا ہے جبکہ مادہ تقریباً ۳۰ کلو کی ہوتی ہے، کنگارو کئی قسم کے ہوتے ہیں ان میں ایک نسل لال کنگارو کی ہوتی ہے اس نسل کے

جاندار کافی لحیم شحیم ہوتے ہیں، ان کا وزن تقریباً ۱۰۰ کلو ہوتا ہے، Eastern grey کنگارو چھوٹا ہوتا ہے لیکن اس کا وزن بھی تقریباً ۱۰۰ کلو ہوتا ہے، بعض بڑے کنگارو جیسے Macropus major وغیرہ ۱۲ تا ۱۴ فٹ لمبے ہوتے ہیں، دنیا میں کنگارو کے علاوہ جراب یعنی Marsupium رکھنے والے کئی جاندار موجود ہیں جیسے چھوٹے سائز کا نمایاں رنگ رکھنے والا Wallaby جو آسٹریلیا اور تسمانیہ میں پایا جاتا ہے، اس کے علاوہ امریکہ میں رہنے والا دو تا ڈھائی فٹ لمبا Opossum بھی ایک جرابیہ ہے جو درختوں کی جڑوں میں سوراخ بنا کر رہتا ہے۔علاوہ اس کے koala، Tasmanian devil، اور Wombat وغیرہ بھی اسی جماعت میں شامل ہیں۔ویسے اس جماعت میں تقریباً ۵۴ انواع موجود ہیں۔

کنگارو نبات خور (Herbivores) جاندار ہے، زیادہ تر گھاس پھوس، درختوں کے پتے وغیرہ کھا کر زندگی گذارتے ہیں، یہ دن کے وقت آرام کرتے ہیں اور اپنی غذا کی تلاش کے لئے عموماً رات کے وقت نکلتے ہیں یعنی یہ شبینہ خور (Nocturnal) جاندار ہیں، بلکہ ان کے لئے شبینہ خور سے زیادہ بہتر اصطلاح Crepuscular (پگاہ رو) ہے کیونکہ یہ صبح کی اولین ساعتوں اور جھٹپٹے کے وقت کافی فعال ہوتا ہے اور غذا تلاش کرتا ہے۔یہ جاندار گائے بکری کی طرح جگالی (Regurgitate) کرتے ہیں، ان کے معدے میں Bacterial strains پائے جاتے ہیں، جو معدے میں پیدا ہونے والی میتھین گیس کی پیدائش کو روکتی ہے، یہ بیکٹیریا معدے کے پہلے خانے میں پائے جاتے ہیں، یہ جاندار پانی بہت کم استعمال کرتے ہیں، بڑی عمر کے جاندار کئی مہینوں تک بغیر پانی کے زندہ رہ سکتے ہیں اور ان کے فعلیات پر کوئی فرق نہیں پڑتا ہے۔ان کی بصارت بہترین ہوتی ہے لیکن صرف اسی وقت جبکہ وہ شئے متحرک ہو جس کو وہ دیکھ رہے ہیں۔ان کی سماعت بھی

اچھی ہوتی ہے وہ اپنے بڑے کانوں کی مدد سے ہر سمت سے آنے والی آوازوں سنتے ہیں اور احکامات کے لئے دماغ تک پہنچاتے ہیں، یہ جاندار پانی کم استعمال کرتے ہیں باوجود اپنی رہائش کے لئے جنگل میں ایسے مقام کو ترجیح دیتے ہیں جہاں پانی کی وافر مقدار موجود ہوتی ہے۔ یہ جنوبی آسٹریلیا میں کثرت سے پائے جاتے ہیں، یورپ کی عوام اس جاندار کے وجود سے ۱۷۷۰ سے واقف ہوئی ورنہ اس سے قبل یہ صرف سنتے تھے کہ دور دنیا میں ایک ایسا جاندار بھی رہتا ہے جس کا چہرہ ہرن جیسا ہے جو مینڈک کی طرح پھدکتا ہے اور انسان کی طرح بیٹھتا ہے۔

کنگارو جہاں ایک پستانیہ ہے وہیں ایک حیوان جرابیہ (Marsupial) بھی ہے ،یعنی اس جاندار کی مادہ (Female) میں جراب یا تھیلی (Pouch) پائی جاتی ہے جو اس کی بڑی اور عجیب وغریب خصوصیت ہے، اسی تھیلی میں وہ اپنے بچے کی پرورش کرتی ہے، کنگارو کی بھی سب سے بڑی خصوصیت یہی "جراب" ہے جس میں اس کے بچے پلتے ہیں، جراب یا تھیلی سے باہر نکلنے اور پھر تھیلی میں واپس جانے کا منظر قابل دید ہوتا ہے جو نہ صرف انسان کی آنکھوں بلکہ ذہن کو بھی کھول دیتا ہے اور یہ سوچنے لگتا ہے کہ یہ دنیا ارتقا کا نتیجہ نہیں ہے کیونکہ کنگارو کی یہ جراب کسی بھی زاویہ سے ارتقائی کڑی کا حصہ نظر نہیں آتی۔

جہاں تک خوبصورت مناظر کا تعلق ہے کنگارو کے تناظر میں، میں سمجھتا ہوں کہ سب سے خوبصورت منظر کنگارو کے بچے کا جراب سے باہر نکلنے کے بعد ماں کنگارو کا بچے کو بھینچنا ہے جس میں انسانی جذبات کی جھلک نظر آتی ہے یہ بڑا انوکھا منظر ہوتا ہے جو انسان کو دیر تک اور دور تک سوچنے پر مجبور کرتا ہے۔ کیونکہ اولاد کے لئے یہی ایک واحد پناہ گاہ ہے جہاں مکمل حفاظتی احساس کے ساتھ سکون کے لمحات میسر آتے ہیں یہ ماں ہی

ہے جو بچے کو اپنے سینے پر سلا لیتی ہے اور اس کے پیشاب پر خود سو جاتی ہے تاکہ بچے کو سردی نہ لگے، یہ انسانوں کی ماں ہے اور کنگارو کی ماں بھی بچوں کے تعلق سے کچھ کم جذبہ نہیں رکھتی کہ اس کے ننھے منے بچے اس کی جراب یعنی Pouch میں ہی بول و براز سے فارغ ہوتے ہیں کبھی تو یہ اپنی تھیلی کی تہوں میں ان کو جذب کرتی ہے، اگر مقدار بڑھ جائے تو اپنی تھیلی کی وقتاً فوقتاً صفائی کے ذریعہ ان چیزوں کا نکال باہر پھینکتی ہے۔

یہاں غور کیجیے کہ کوئی تو ہے جو ان ماؤں میں یہ احساس پیدا کرتا ہے کہ تمہارے وجود کو گندہ کرنے والا کوئی دوسرا نہیں تمہارا اپنا ہے تمہاری اپنی اولاد ہے تو یہی اپنایت ماں کی سوچ کے زاویہ کو بدل دیتی ہے اور اس کے بعد اولاد کی محبت سے سرشار ماں اس گندگی میں بھی خوشبوؤں کو رقص کرتا دیکھتی ہے، کنگارو کے نومولود کو Joey کہتے ہیں، Joey جب پیدا ہوتا ہے تو نہایت چھوٹا تقریباً ۳ء۰ انچ یعنی ایک سنٹی میٹر یا اس سے بھی کم لمبا، ہلکے گلابی رنگ کا، کیڑے جیسی ساخت رکھنے والا تقریباً بے وزن (اس کا وزن ایک گرام سے کم ہوتا ہے) جاندار ہوتا ہے جو بعد اس قدر قوی الجثہ ہو جاتا ہے کہ اس کا وزن ۱۰۰ کلو سے زائد ہو جاتا ہے۔ یہی اس جاندار کی عجیب و غریب خصوصیت اور خدا کی قدرت کا ایک نشان ہے کہ وھیل کے جب بچہ پیدا ہوتا ہے تو وھیل کی جسم کی مناسبت سے اس کا وزن اور سائز تقریباً ایک تہائی ہوتا ہے لیکن اس جاندار کا نومولود اکثر اوقات صرف ایک سنٹی میٹر ہوتا ہے، لیکن قدرت اس چھوٹے Joey کی نگہداشت اور پرورش کے لئے ماحول کی مناسبت سے جداگانہ انتظامات کرتی ہے اور ظاہر کرتی ہے کہ قدرت چاہے تو زرافہ کے نومولود کو پیدائش کے بعد نہ صرف دودھ بلکہ اپنی غذا آپ تلاش کر کے قابل بنادے اور اسی جسامت کے دوسرے جاندار کے بچے کو اس قدر مجبور بنادے کہ وہ اپنے سے دودھ بھی حاصل نہ کر سکے، بہر حال یہ تعجب خیز ضرور ہے، لیکن

یہ تمام جاندار خدا کی تخلیق کے ایسے نمونے ہیں جو اس کو خالق تسلیم کرنے پر مجبور کرتے ہیں۔

کنگارو میں مدت حمل صرف ۳۱ تا ۳۶ دن ہوتی ہے، پیدائش کے فوری بعد یہ نومولود اپنے اگلے جوارح کے پنجوں کی مدد سے خدا کے بتائے ہوئے راستے پر چل کر ماں کی جراب (Marsupium) میں پہنچتا ہے یہ نو زاد یا نومولود رحم مادر سے تھیلی (Pouch) میں پہنچنے کے لئے صرف تین تا پانچ منٹ لیتا ہے، اس راستے کو طے کرنے کے لئے یہ حقیقی معنوں میں یہ ننھا بچہ اپنے نسبتاً بڑے اگلے جوارح کو استعمال کرتا ہے، جراب میں پہنچ کر یہ ننھا دہنی جانب کے پستان کے Teat سے اپنا منہ لگا کر چمٹ جاتا ہے اور دودھ پینے لگتا ہے، بلکہ یہاں صحیح جملہ یہ ہوگا کہ ماں زبردستی اس کے منہ میں اپنے جراب کے عضلات کی حرکت سے دودھ نہیں بلکہ محبت انڈھیلنے لگتی ہے۔ اس پستان سے خارج ہونے والا دودھ نوزاد (Neonate) کے لئے زیادہ مناسب ہوتا ہے۔ اس طرح پرورش کا آغاز ہوتا ہے۔،

اس موڑ پر میں آج کل کی نئی تحقیق کی طرف آپ کی توجہ مبذول کروانا چاہتا ہوں کہ ایسے نومولود قبل از وقت دنیا میں آجاتے ہیں یا جو از خود دودھ نہیں پیتے ان کے لئے کنگارو تھریپی (Kangaroo Therapy) کا طریقہ اختیار کیا جاتا ہے جس میں بچے کو ماں۸ سے الگ نہیں کیا جاتا ماں کی جلد اور بچے کی جلد کو ربط (Skin to skin contact) میں رکھا جاتا ہے تاکہ ماں کے جسم کی حرارت مسلسل بچے میں منتقل ہوتی رہے، اس اثنا میں بچے کا صرف سر آزاد رکھا جاتا ہے، اگر بچے کو ماں سے الگ کرنا کسی وجہ ضروری ہو تو بچے کو کسی دوسری عورت کے ساتھ اسی حالت میں رکھا جاتا ہے اور اس سارے علاج کے دوران ماں کی محبت ہی اصل محور ہوتی ہے جو اس طریقہ علاج کا اہم

عنصر ہے۔

اس طرح کنگارو کے نوزاد کے سائز میں اضافہ ہونے لگتا ہے، ابتدا میں انہیں کان، بال، آنکھیں وغیرہ نہیں ہوتا، یہ سب چیزیں آہستہ آہستہ نمو پاتی ہیں، کنگارو جراب یعنی تھیلی میں پہنچ کر یہ تقریباً آٹھ مہینے رہتا ہے، ویسے یہ جراب سے باہر پہلی مرتبہ ۱۹۰ دنوں کے بعد نکلتا ہے، لیکن ۲۳۵ یا اس سے کچھ ہی زیادہ دنوں کے بعد یہ جاندار مکمل آزادانہ زندگی گذارنا شروع کر دیتا ہے، اس کے باوجود تھیلی سے نکلنے کے بعد Joey مزید چھ مہینے ماں کے ساتھ گذارتا ہے اس کے بعد جب خود کفیل ہو جاتا ہے تو ماں کو چھوڑ کر الگ گروہ بنالیتا ہے، لیکن ایک عرصہ تک ماں ان کی حفاظت کرتی رہتی ہے اور مختلف طریقوں سے پیامات پہنچا کر انہیں حفاظتی طریقے بتاتی رہتی ہے۔ ماں اپنے بچوں تک پیامات کی ترسیل کے لئے پیچیدہ طریقہ کار اختیار کرتی ہے اسی لئے جب یہ خطرہ محسوس کرتی ہے تو زمین پر لوٹ لگاتی ہے جو اس جاندار کی ترسیلی زبان ہے۔ یہ سماجی زندگی گذارنے والا جاندار ہے، ان کے گروہ کو Mobs کہا جاتا ہے جن میں کبھی کبھی ان کی تعداد تقریباً سو تک بھی پہنچتی ہے، گروہ کے رہبر اور بالغ "نر" کنگارو کو Boomer یا Buck کہا جاتا ہے۔ جبکہ مادہ Does کہلاتی ہے، کنگارو عام طور پر دو تا تین سال میں تولید کے قابل ہو جاتا ہے، دوسرے جانداروں کی طرح اس جاندار میں بھی صنف مقابل کے حصول کے لئے لڑائی جھگڑا عام بات ہے، یہ جاندار ان اوقات میں زیادہ تر اپنے اگلے جوارح کے ذریعہ "باکسنگ" کرتے ہیں یا اپنے پچھلے جوارح کو استعمال کر کے "کک" رسید کرتے ہیں، عام طور پر کنگارو کی عمر ۹ تا ۱۲ برس ہوتی ہے۔

کنگارو کی عجیب و غریب خصوصیات میں جراب (Marupium)، تولیدی عمل اور طریقہ پرورش شامل ہیں۔ میرے اس جاندار کو سات حیوانی عجوبوں میں شامل کرنے

کی ایک بڑی وجہ یہی تین خصوصیات ہیں۔شاید اس سے زیادہ ندرت آمیز طریقہ تولید زمین پر موجود کسی دوسرے جاندار میں نہیں دیکھا جاسکتا۔ملاپ کا عمل ان میں عام طور پر برسات میں اس مقام پر انجام پاتا ہے جہاں ہریالی اور ہرے بھرے درخت پائے جاتے ہیں۔ کتنی عجیب بات ہے کہ کنگارو اپنی جراب یعنی Marsupium میں وقت واحد میں تین "بے بیز" (Babies) رکھتا ہے، کیونکہ پہلے بچے کی پیدائش کے بعد فوری طور پر کنگارو میں دوسرے بچے کے لئے تولیدی عمل شروع ہوجاتا ہے، تخصیب (Conception) انجام پاتی ہے اور جنین میں ایک ہفتہ کے اندر نمو واقع ہوتا ہے، اس عمل کے بعد اگر حالات سازگار نہ ہوں تو جنین (Embryo) خوابیدہ حالت میں آجاتا ہے اس عمل کو Diapause یعنی "تاخیر نمو" کہا جاتا ہے۔

یعنی ناموافق حالات میں کنگارو اپنی مرضی سے جنین کے نمو کو روکنے کی صلاحیت رکھتا ہے جو خود اس جاندار کی ایک انوکھی خصوصیت ہے۔یہاں دوسری عجیب خصوصیت پر نظر کیجیے کہ نہ صرف مادہ کنگارو جنین کے نمو کو روکتی ہے بلکہ "نر کنگارو" میں مادہ منویہ (Sperms) بننے کا عمل بھی رک جاتا ہے۔اس طرح قدرتی حالات کے پیش نظر ان میں عمل تولید حقیقتاً رک جاتا ہے۔یہاں اس بات کا اظہار، دلچسپی کا باعث ہوگا کہ یہ جنین کبھی کبھی اس قدر چھوٹا ہوتا ہے کہ سادہ آنکھ سے نظر نہیں آتا اور علاوہ اس کے یہ جنین بھی اس وقت تک اپنے وجود کا اظہار نہیں کرتا جب تک کہ ایک "بے بی" یعنی Joey جراب سے باہر نہ نکل جائے، جب ایک بے بی کنگارو جراب سے باہر نکل جاتا ہے تو اس وقت دوسرا جراب میں موجود ہوتا ہے اور کسی ایک پستان سے لگا دودھ پینے میں مشغول رہتا ہے اور تیسرا عمل پیدائش سے گذر کر جراب میں پہنچ چکا ہوتا ہے لیکن جب پہلا بڑا Joey جراب سے باہر نکل جاتا ہے تو کنگارو کی مرضی سے اس خوابیدہ جنین میں

نمو پیدا ہوتا ہے اور وہ "بے بی" ایک مخصوص پستان سے چمٹ کر دودھ پینے لگتا ہے، کیونکہ اسی پستان کا دودھ اس بچے کے لئے مناسب ہوتا ہے، چونکہ کنگارو کی جراب میں مختلف عمر کے بچے ہوتے ہیں اسی لئے ان کو مختلف ارتکاز کا دودھ پلانا اہم ہو جاتا ہے تاکہ ان میں نمو صحیح ڈھنگ سے انجام پاسکے، اسی لئے کنگارو کی جراب یعنی تھیلی میں چار Teats پائے جاتے ہیں دودھ کا انتخاب بچے کے نمو کے مرحلے کی مطابقت میں ہوتا ہے۔ اور ہر ایک کا پستان الگ الگ ہوتا ہے، جب تھیلی میں ایک سے زائد کنگارو کے بچے ہوتے ہیں تب بھی یہ ایک دوسرے کو نقصان نہیں پہنچاتے، قدرے صراحت کے ساتھ بیان کیا جاتا ہے کہ ایک "بے بی" تھیلی سے نکل کر باہر گھاس وغیرہ کھانے لگتا ہے لیکن اس کے باوجود بھی جب بھوک ستاتی ہے تو ماں کی تھیلی میں پہنچ کر دودھ پینے لگتا ہے، کنگارو کے اس بچے کا پستان بالکل الگ ہوتا ہے، دوسرا مستقل تھیلی میں رہتا ہے اور اس کا پستان مخصوص ہوتا ہے اور وہ اس کے لئے مخصوص پستان سے ہی دودھ پیتا رہتا ہے اور تیسرا جو سب سے چھوٹا ہوتا ہے وہ یا تو "عالم سکتہ" میں پڑا رہتا ہے یا اس کے لئے مخصوص پستان سے چمٹ کر دودھ پینے لگتا ہے، بالفرض محال اگر پستان بدل جائے تو اس پستان کا "نپل" اور دودھ کا گاڑھا پن بچے کو نقصان پہنچا سکتا ہے، ویسے قدرتی طور پر ایسی غلطی کا امکان کم ہی رہتا ہے دودھ پینے کے اس طریقہ عمل سے یہ بات واضح ہو جاتی ہے کہ ان میں پائے جانے والے پستان علحدہ علیحدہ ارتکاز کا دودھ خارج کرتے ہیں جو کنگارو کے بچوں کی عمر کے لحاظ سے مناسب ہوتے ہیں، زیادہ تغذیہ بخش دودھ زیادہ عمر رکھنے والے بچے کے لئے، اس کم تغذیہ و چربی رکھنے والا دودھ نسبتاً کم عمر کے بچے کے لئے اور Neonates کے لئے اس کی عمر کے لحاظ سے دودھ دیا جاتا ہے اور ان تمام کے لئے Nipple بھی علحدہ ساخت اور سائز کے ہوتے ہیں تاکہ وہ ان بچوں کو نقصان نہ پہنچا

سکیں۔ اس مرحلے پر یہ سونچئے کہ آخر "وہ" کون ہے جو کنگارو کو یہ سکھلا تا جارہا کہ بچے کو دودھ اس کی عمر کی مطابقت میں دیا جائے، کنگارو کی پیدائش کا عمل خود اس قدر حیران کن ہے کہ ہم سوچتے رہ جاتے ہیں، علاوہ اس کے انسان کے لئے یہ مسلسل اچھنبے میں ڈالنے والی بات ہے کہ کنگاروو کے مختلف پستانوں سے مختلف حرارت اور مختلف ارتکاز والا دودھ خارج ہوتا ہے علاوہ اس کے خود کنگارو کو اس بات کا پتہ نہیں کہ کونسے پستان میں کونسے ارتکاز کا دودھ موجود ہے، دودھ بنتا ایک جگہ ہے لیکن جب اپنے مقام تک پہنچتا ہے تو اس کے ارتکاز میں کود بخود تبدیلیاں پیدا ہونے لگتی ہیں اور حقیقت یہ ہے کہ اگر ہم اس کا جواب ڈھونڈنا چاہیں تو بس یہی کہا جاسکتا ہے کہ اس کا جواب ملنا مشکلہے اور میں سمجھتا ہوں کہ "وہ" وہی ہے "جس نے ہر چیز کو پیدا کیا اور اس کی تقدیر مقرر کی۔" خلق کل شیء فقدرہ تقدیرا۔ (الفرقان۔ ۲)

***

چمگاڈرBat: کانوں سے دیکھنے والی عجیب و غریب مخلوق

والانعام خلقھا لکم فیھا دفء ومنافع ومنھا تاکلون (النحل۔۵)

اس نے جانور پیدا کئے جس میں تمہارے لئے پوشاک بھی ہے خوراک بھی اور طرح طرح کے دوسرے فائدے بھی۔(النحل۔۵)

قرآن میں چمگاڈر کا ذکر نہیں ہے لیکن جانوروں سے ہونے والے فوائد کا ذکر ضرور ہے چمگاڈر بھی ایک ایسا ہی جاندار ہے جو طبی اعتبار سے انسانوں کے لئے فائدہ مند ہے، اس کا لعاب دہن قلب پر حملے کو روکنے میں مدد دیتا ہے۔ کئی درختوں میں زیرگی کا عمل ان ہی جانداروں کی وجہ سے انجام پاتا ہے۔ حدیث میں اس جاندار کو قدرت کا ایک معجزہ قرر دیا گیا ہے۔ قدیم عربی ادب میں بھی اس جاندار کا تذکرہ موجود ہے، عربی تہذیب میں اس کا تذکرہ عام طور پر خطرے کے اظہار کے لئے کیا جاتا ہے۔ بائیبل میں چمگاڈر کا ذکر موجود ہے، انجیل اور توریت میں اس کو حرام قرار دیا گیا ہے، (Leviticus ۱۱:۱۹)۔

بائیبل میں اس جانور کا تذکرہ پرندوں کے ساتھ کیا گیا ہے عام طور پر ہر اڑنے والے جانور کو پرندہ کہا جاتا ہے اسی لئے اس کو بھی صفات کے اعتبار سے تقسیم کیا جاکر پرندہ کہا گیا حالانکہ کہ یہ سائنسی اعتبار سے پستانیہ ہے۔ بائیبل میں اس جانور کو ظلمت کی علامت کہا گیا اور اس کے وجود کو کھنڈروں سے وابستہ کیا گیا۔ یہ ہر قسم کی غذا کھاتا ہے جس میں اکثر کیڑے مکوڑے ہوتے ہیں۔ تاریخ میں حضرت سلیمانؑ کا ایک دفعہ سورج

کی گردش کے سلسلے میں چمگاڈر سے گفتگو درج ہے۔ نہج البلاغہ میں لکھا ہے کہ رات کی تاریکی اس کے لئے دن کی روشنی کے مانند کام کرتی ہے اور وہ اسی ظلمت بھری تاریکی میں غذا ڈھونڈ نکالتا ہے۔ چمگاڈر کو تیلگو میں Gabbilum (گبّی لم) اور عربی میں "الخفاش" کہا جاتا ہے۔ ہندو مذہب میں بھی اس جاندار کی اہمیت ہے، چمگاڈر Rudraksha درخت کے پھل کھا کر اس کے بیج نیچے پھینکتا ہے ان پھلوں کو لارڈ شیوا کے آنسو قرار دیا گیا، ہندو عقیدے کے مطابق یہ درخت بھگتوں کے گناہوں کو دھوتا ہے۔ ویسے یہ پھل دل کی بیماریوں، بلڈ پریشر اور دماغی صحت کے لئے مفید ہے۔ جزیرہ بالی میں ہندوؤں کا ایک مقدس مقام ہے جس کا نام Goa Lawah ہے اس کے معنی خود "چمگاڈروں کی غار" ہے، یورپی روایات میں لکھا ہے کہ فرشتے پرندوں کے 'پر' اور جنات چمگاڈر کے 'پر' رکھتے ہیں۔ چینی تہذیب میں چمگاڈر اچھی قسمت کی علامت ہے۔

چمگاڈر ایک پستانیہ ہے، جو خاندان Chiroptera سے تعلق رکھتا ہے، اس اصطلاح کے معنی "ہاتھوں میں پر" ہیں۔ ان کی مدد سے یہ جاندار حقیقی معنوں میں اڑتا ہے۔ ان کا سائز دیڑھ انچ سے لے کر ۱۷ انچ تک ہوسکتا ہے، بڑے سائز کے چمگاڈر کے پروں کے درمیان فاصلہ دیڑھ میٹر تا دو میٹر تک ہوسکتا ہے اور کم سے کم فاصلہ ۶ انچ ہوتا ہے۔ بڑے سائز کی چمگاڈر Giant Fox bat ہے جس کے پروں کے درمیان فاصلہ تقریباً ۷ فٹ تک ہوتا ہے۔ ایک عام تصور ہے کہ یہ صفائی کو پسند نہیں کرتے جبکہ حقیقت یہ ہے کہ یہ نفاست پسند جاندار ہیں۔ ان کی طبعی عمر ۲۰ تا ۳۰ سال ہوتی ہے، ان کی بعض انواع جیسے میکسیکن چمگاڈر ۱۰,۰۰۰ فٹ اونچائی تک پرواز کرسکتی ہے۔ چمگاڈر کی تقریباً ایک ہزار انواع کو سائنسدانوں نے بیان کیا ہے، سوائے Artic علاقے کے، یہ دنیا میں ہر جگہ پائے جاتے ہیں، عام طور پر یہ غاروں، درختوں یا قدیم عمارتوں میں پائے جاتے

ہیں۔ان کی غذا نوع کے لحاظ سے مختلف ہوتی ہے۔ لیکن عام طور پر یہ پھول، پتے، کیڑے مکوڑے، مچھلیاں، مینڈک، چھوٹے پستانیے، چھوٹی چڑیا وغیرہ کھاتے ہیں اور ان کی بعض انواع خون چوستی ہیں۔ یہ زہریلے جانداروں جیسے زہریلے مینڈکوں کو کھانے سے پہلے پرکھتی ہے اور کھائے بغیر چھوڑ دیتی ہے، یہ طرز عمل ان کی ذہانت کو بتاتا ہے۔ چمگاڈر میں ایک عجیب و غریب خصوصیت پائی جاتی ہے کہ وہ منہ سے نہ صرف کھاتا ہے بلکہ فاضل مادّے بھی منہ سے خارج کرتا ہے، یہ سماجی جاندار ہے جو کالونی میں رہنا پسند کرتا ہے۔ ان کی دنیا میں سب سے بڑی کالونی Bracken Cave ہے جہاں تقریباً ۲۰ ملین چمگاڈر ایک ساتھ رہتے ہیں۔ یہ دن کے وقت آرام کرتے ہیں، ان کی بعض انواع درختوں کی شاخوں پر مضبوط پکڑ کے ساتھ کثیر تعداد میں الٹا لٹکے رہتے ہیں۔ ان کے پیر زمین پر چلنے کے قابل نہیں ہوتے بلکہ ہوا میں اڑنے اور شاخوں پر لٹکنے کے لئے مناسب ہوتے ہیں۔ بعض چمگاڈر تنہائی پسند بھی ہوتے ہیں۔ ان کی سماجی زندگی کے لئے مناسب اصطلاح Fission-fusion social structure ہے اس طرح کی سماجی زندگی میں جاندار آرام کرتے وقت ایک ہی چھت کے نیچے زندگی بسر کرتے ہیں لیکن جب تلاش معاش کا معاملہ درپیش ہوتا ہے تو یہ علحدہ علحدہ گروہوں میں بٹ جاتے ہیں یا تنہائی پسند ہو کر اکیلے ہی نکل جاتے ہیں، یہی وہ طریقہ ہے جس پر خود انسان عمل کرتا ہے یہی سماجی ساخت انسان کی سماجی زندگی کے طریقہ کار کے لئے بھی استعمال کی جاتی ہے۔

ان کے بچے کو Pup کہا جاتا ہے، نوع کے اعتبار سے ان میں مدت حمل علیحدہ ہوتی ہے، جو پانچ تا نو مہینے ہو سکتی ہے، یہ ہر سال ایک جھول میں یہ ایک ہی بچہ دیتے ہیں ان میں بچے دینے کا عمل دوسرے جانداروں کے مقابلے میں سست ہوتا ہے۔ کیونکہ سوائے موسم خزاں کے دوسرے دنوں میں نر اور مادہ علیحدہ رہتے ہیں۔ یہ حشرات کی طرح

زیر گی کے عمل میں مددگار ہیں خصوصاً کھجور، آم، موز اور کاجو کے درختوں میں زیر گی کا عمل ان ہی کی وجہ سے انجام پاتا ہے، چونکہ ان کی غذا زیادہ تر کیڑے مکوڑے ہوتی ہے اور ایک منٹ میں یہ کئی سو مچھر وغیرہ کھا جاتے ہیں اسی لئے اہل زمین ان کے شکر گذار ہیں کہ ان کی باعث دنیا میں ان حشرات پر کنٹرول ہے بالفرض محال اگر دنیا کے تمام چمگاڈر ختم ہو جاے،ں تو پھر یہ دنیا انسانوں کے رہنے کے قابل نہ رہے گی۔ اس طرح ماحولیاتی نظام کی بر قراری میں اہم رول ادا کرتے ہیں۔ کہا جاتا ہے کہ چمگاڈروں کی ایک کالونی ایک رات میں کئی ٹن کیڑوں کو کھا جاتی ہے۔ غاروں میں رہنے والے چمگاڈروں کا اپنا ماحولیاتی نظام ہوتا ہے جس سے وہ دنیا کے ماحولیاتی نظام کی بہتر اور صحت مند بر قراری میں مدد دیتے ہیں۔ یہ غاروں سے باہر رات کے وقت غذا کی تلاش میں نکلتے ہیں۔ یہ اپنے پروں کی ساخت اور سہارے دینے والی جوارح کی ہڈیوں کی وجہ سے دوران پرواز شکار کرنے کے قابل ہوتے ہیں، ان کی ہڈیوں میں کیلسیم اور معدنیات کی مقدار کم پائی جاتی ہے اسی لئے ان کی ہڈیوں میں لچک پائی جاتی ہے، کبھی کبھی ان کی بعض نواع تقریباً ۸۰۰ کلومیٹر دور تک شکار کی تلاش میں نکل جاتی ہیں۔

چمگاڈر کا لعاب دل پر حملے سے بچاتا ہے:

ایک نوع کی چمگاڈر کا نام Vampire Bat ہے، جو بطور غذا جانداروں اور بعض دفعہ انسانوں کا خون چوستی ہے اور یہ قدرت کا عجیب انتظام ہے کہ خون چوسنے سے قبل یہ اپنے انسان یا شکار کے جسم بالخصوص خون کی نالیوں میں لعاب دہن داخل کرتی ہے، اس لعاب میں ایک کیمیائی مرکب Desmoteplase یا DSPA پایا جاتا ہے، اس مرکب کی یہ خصوصیت ہے کہ وہ خون کو منجمد ہونے نہیں دیتا۔ تاکہ خون چوستے وقت شکار کے خون کے بہاؤ میں رکاوٹ پیدا نہ ہو۔ اور شکار کا خون آسانی سے چوسا جا سکے، اس مرکب

پر تحقیق جاری ہے ۲۰۰۹ میں اس تعلق سے جو ریسرچ کیا گیا تھا وہ بہت حد تک کامیاب ہے اور انسانی زندگی بالخصوص دماغ اور قلب پر حملے کے تدارک کے لئے مسلمہ حیثیت اختیار کرتی جارہی ہے۔ جب قلب یا دماغ پر حملہ (Stroke) ہوتا ہے تو خون کی نالیوں میں خون کا انجماد واقع ہوتا ہے اور خون کے بہاؤ میں رکاوٹ پیدا ہوتی ہے جس کی وجہ سے خون دماغ تک نہیں پہنچ پاتا اور دماغ کے خلیے مردہ ہوجاتے ہیں اور بالآخر انسان مر جاتا،ہیلیکن نئ تحقیق کے مطابق یہ دواایسے کسی بھی حملے سے انسان کو بچاتی ہے اور خون کو منجمد ہونے سے روک کر پتلا (Thin) بناتی ہے۔ علاوہ اس کے قدرتی طور پر حاصل کی جانے والی یہ دواانسان کی بنائی کسی بھی کیمیائی دوا کے مقابلے محفوظ ہے۔

چمگاڈر اندھے نہیں ہوتے بلکہ انہیں نظر آتا ہے جبکہ عام طور پر یہ مشہور ہے کہ انہیں دکھائی نہیں دیتا۔ ان کی آنکھیں دوسرے حواس کی طرح زیادہ کارکرد نہیں ہوتیں لیکن ان کے دیکھنے کی صلاحیت مناسب ہوتی ہے ،چمگاڈر رنگوں کے مابین تمیز نہیں کر سکتے۔ چمگاڈر دوران پرواز راستہ تلاشنے کے لئے اپنی آنکھوں سے کام نہیں لیتا بلکہ دوسری صلاحیت کو بروئے کار لاتا ہے، یہ گونج کے ذریعے اشیاء کو پہچاننے کی صلاحیت ہے جس کو (Echo technology) کہا جاتا ہے ، علاوہ اس کے چمگاڈر میں Desmoteplase نامی مرکب بھی پایا جاتا ہے جو طبی نقطہ نظر سے کافی اہم ہے اور یہی وہ خصوصیات ہے جس کے باعث میں نے چمگاڈر کو سات حیوانی عجوبوں کی فہرست میں شامل کیا ہے۔

Echolocation(حیاتی مقاحد):

آواز کی گونج سے شئے کو پہچاننے کی تیکنک کو Echolocation کہا جاتا ہے، اس ٹیکنک کو نہ صرف چمگاڈر بلکہ دوسرے اور جاندار بھی اپناتے ہیں جس میں وھیل اور ڈولفن اہم ہیں۔ بلکہ بعض اوقات خود انسان بھی اس کو استعمال کرتا ہے خصوصاً اندھے

افراد اپنے ماحول میں جب نکلتے ہیں تو کسی شئے یا لاٹھی وغیرہ سے مسلسل آواز پیدا کرتے ہیں جو پلٹ کر ان کی سماعتوں سے ٹکراتی ہے اور وہ اندھے احباب راہ کی رکاوٹوں کا اندازہ لگا لیتے ہیں اور سہل انداز میں آگے بڑھتے ہیں۔ Echolocation کی اس اصطلاح کو Griffin نے وضع کیا، اس کو Biosonar یعنی "حیاتی مقاصد" بھی کہا جاتا ہے، چمگاڈر دوران پرواز شکار کرنے اور سمت کو متعین کرنے کے لئے اسی طراز (Technique) کا سہارا لیتی ہے اور یہ طراز اس قدر حساس ہوتی ہے کہ نہایت باریک بال بلکہ اس سے بھی چھوٹی شئے چمگاڈر بآسانی جانچ لیتا ہے۔ چمگاڈر عام طور پر ہر لمحہ آواز کی دس لہریں خارج کرتی ہے، ان ہی دس لہروں سے پلٹنے والی گونج اس جاندار کو محفوظ طریقے سے پرواز انجام دینے کے لئے کافی ہوتی ہیں۔

لیکن جب یہ جاندار کسی کیڑے کو پکڑنے کے لئے تعاقب کرتا ہے تو آواز کی لہروں کے اخراج کی رفتار میں یکلخت اضافہ کر دیتا ہے، اس وقت یہ ایک لمحے میں مسلسل دو سو لہریں خارج کرتی ہے اور کامیاب انداز میں آگے بڑھتی ہوئی شکار کو پکڑ لیتی ہے۔ جب اس شدت کی لہروں کا اخراج عمل میں آتا ہے اطراف و اکناف کا ماحول اس آواز سے گونجنے لگتا ہے جس کو اکثر حشرات محسوس کرتے ہیں اور اس علاقے میں آنے سے بچتے ہیں، چونکہ خارج ہونے والی آواز کی سمعی شدت زیادہ ہوتی ہے اسی لئے انسانی کان اس کو سن نہیں پاتے، حیاتی اصول کے مطابق انسانی کانوں کو سنائی دینے کے لئے ایک حد مقرر ہے اس حد سے آگے کے تعدد کو انسانی کان نہیں سن سکتے۔ انسانی کان ۲۰ Hz تا ۲۰،۰۰۰ Hz تعدد کی آواز سن سکتے ہیں جب کہ چمگاڈر ۱،۰۰،۰۰۰ Hz تعدد کی آواز کی لہریں خارج کرتا ہے جو بالائے سمعی (Ultrasound) ہوتی ہیں، یہ لہریں چمگاڈر کے منہ خصوصاً Larynx سے خارج ہوتی ہیں علاوہ اس کے بعض انواع ناک سے بھی ایسی ہی

لہروں کا اخراج عمل میں لاتے ہیں۔ ان لہروں سے پلٹنے والی گونج چمگاڈر کے بڑے کان وصول کرتے ہیں اور پرواز کے سمت کا تعین اور شکار کو پکڑنے کی حکمت عملی ترتیب دیتے ہیں۔ اسی لئے چمگاڈر کو دنیا کے تمام جانداروں میں سب سے بہتر انداز میں سننے والا جاندار قرار دیا گیا ہے۔ ان کے کانوں میں ایک مخصوص ساخت tragus پائی جاتی ہے جو وصول ہونے والی آوازوں کو صحیح سمت میں پہنچانے میں مدد دیتی ہے۔

چمگاڈر کے کان اپنی نوعیت کے اعتبار سے نہایت حساس اور منفرد ہوتے ہیں، عام طور پر اس خصوصیت کا اظہار کرنے والے جانداروں میں دو کان ہوتے ہیں۔ لہروں کے اخراج کے بعد پلٹنے والی گونج ہلکے سے وقت کے فرق کے ساتھ واپس آتی ہے، گونج کے واپس پلٹنے کی رفتار کا انحصا اس شئے کے فاصلے پر ہوتا ہے جس سے خارج کردہ آواز کی لہریں ٹکراتی ہیں۔ چمگاڈر Object (کوئی بھی شئے) کی دوری کا اندازہ شئے سے ٹکرا کر واپس پلٹنے والی گونج کے درمیان موجود ہلکے فرق سے لگاتی ہے۔ اس کام کی انجام دہی کے لئے ان کے دماغ میں مخصوص اعصابی خلیے ہوتے ہیں جو آپسی تال میل کا مکمل مظاہرہ کرتے ہیں اور مطلوبہ شئے کو حاصل کرنے کا صحیح اندازہ لگانے میں مدد دیتے ہیں۔ اسی لئے غذا کی تلاش کے اس طریقہ کار میں ماحول کا اندھیرا رکاوٹ نہیں بنتا۔ چمگاڈر کی گونج کے تجزیے سے دیکھنے کی صلاحیت کو جانچنے کے لئے گذشتہ کچھ برس قبل ایک تجربہ کیا گیا جس میں ایک بڑے کمرے میں تقریباً نہ دکھائی دینے والے تاروں کو جابجا لٹکایا گیا جب چمگاڈر کو اس کمرے میں چھوڑا گیا تو سائنسدانوں کو یہ دیکھ کر تعجب ہوا کہ چمگاڈر آدھے ملی میٹر سے کم موٹائی رکھنے والے تاروں سے الجھے بغیر اپنے ہدف تک بآسانی پہنچ گئی۔ اسطرح اس جاندار کے تعلق سے یہ کہا جائے تو غلط نہ ہوگا کہ "چمگاڈر وہ جاندار ہیں جو آنکھوں سے نہیں بلکہ اپنے کانوں سے دیکھتے ہیں"۔ چمگاڈر میں Echolocation کا طریقہ کار خود اس

قدر پیچیدہ ہے کہ انسان آج بھی اس کی مکمل حقیقت سمجھنے میں لگا ہوا ہے، اس موڑ پر غور کیجئے کہ آواز کی لہریں پلٹتی ہیں تو وہ جاندار اشیاء سے ٹکرا کر پلٹتی ہیں اور اکثر اوقات بے جان اشیاء سے ٹکرا کر بھی یہ آواز کی لہریں پلٹتی ہونگی۔

اب اس بات پر توجہ دیجئے کہ رات کا اندھیرا ہے اور چمگاڈر ہے کہ صرف چھوٹے چھوٹے جاندار اشیاء کو کھائے جارہی ہے کبھی غلطی سے اس نے کسی بے جان شئے پر منہ نہیں مارا اور کبھی بے جان شئے کو کھانے کے لئے آگے نہیں بڑھی ایسا محسوس ہوتا ہے جیسے چمگاڈر جاندار اشیاء کو پہلے سے پہچانتی ہے اور صرف انہی اشیاء کو کھانے کے لئے سو جتن کررہی ہے یہاں ہم سوچیں کہ چمگاڈر میں شئے کی حقیقت کو پہچاننے کی یہ حس کسی قوت کی جانب سے کنٹرول کی جاتی ہے کیونکہ چمگاڈر کا مقاحدی نظام (Sonar) آج کے ترقی یافتہ سائنسی دور میں بھی زیر بحث ہے، اسی لئے میں سمجھتا ہوں کہ کوئی بھی جاندار دوران ارتقا اپنی خواہش کے مطابق تغیر یا ماحول کے زیر اثر تبدیلی پیدا نہیں کرسکتا یہ یقیناً ایک مخفی قوت کی کارسازی ہے اور یہی مخفی قوت وحدہ لاشریک ہے جو نہ صرف ان جانداروں کا بلکہ تمام کائنات کا خالق ہے۔ ***

***

جونک Leech: خون چوسنے والا کیڑا

خلق الانسان من علق۔(۹۶-۲)

اس نے انسان کو (رحم مادر) میں جونک کی طرح معلق وجود سے پیدا کیا۔(سورہ علق)

بعض مفسرین کہتے ہیں کہ انسانی تخلیق کے ایک درجے میں انسانی جنین جونک جیسا دکھائی دیتا ہے۔

جونک (Leech) ایک کیڑا ہے جو حیوانی دنیا کے ایک اہم فائلم Annelida سے تعلق رکھتا ہے یہ جاندار یعنی جونک پرندوں یا دوسرے جانداروں کا خون چوستا ہے اور اپنی زندگی گزارتا ہے۔میں اس سے قبل کے جونک کی حیوانی خصوصیات بیان کروں چاہوں گا کہ قرآن میں بیان کردہ انسانی تخلیق کے ان مدارج کو آپ کے سامنے پیش کروں گا جس میں لفظ "علق" استعمال ہوا۔

قرآن میں "علق" کا لفظ انسانی تخلیق کے تناظر میں پانچ دفعہ استعمال ہوا ہے۔علق انسانی تخلیقی مدارج کا ایک مرحلہ ہے، قرآن نے سورہ مومنون میں انسانی پیدائش کے کئی مدارج کا تذکرہ کیا ہے جیسے النطفہ، علقہ، مضغۃ، العظام، لحم، انشاناہ۔چونکہ میرا مضمون جونک سے متعلق ہے اسی لئے میں لفظ "علق" پر زور دوں گا جس کے ایک معنی "جونک Leech" ہیں۔ ویسے "علق" کے معنوں میں معلق شئے اور منجمد خون شامل ہے اور سائنسدانوں نے ثابت کیا ہے کہ علق کے یہ تینوں معنی صحیح ہیں۔

مندرجہ بالا آیت یعنی خلق الانسان من علق، قرآن میں سب سے پہلے نازل ہونے والی پانچ آیات میں دوسری آیت ہے جس کا ترجمہ اور تفسیر مختلف مفسرین قرآن نے مختلف انداز سے کی ہے، جیسے "بنایا آدمی کو جمے ہوئے لہو سے" (محمود الحسن) جمے ہوئے خون کی تشریح کرتے ہوئے انہوں نے لکھا ہے کہ جمے ہوئے خون میں شعور، حس، ادراک، عقل نہیں ہوتی بلکہ یہ جماد لایعقل ہے جس کو خدا، انسان عاقل بناتا ہے۔ سورہ علق کی پہلی آیت کے جواب میں جب رسول اللہ ﷺ نے یہ فرمایا کہ "ما انا بقاری" میں پڑھا ہوا نہیں" تو یہ دوسری آیت نازل ہوئی جس کی تشریح کرتے ہوئے مفسرین نے لکھا کہ جو خدا جماد لایعقل کو انسان عاقل بناتا ہے۔ وہ کیا ایک عاقل کو کامل اور ایک امی کو قاری و عالم نہیں بنا سکتا۔ علاوہ اس کے اس آیت کا ترجمہ شاہ فہد قرآن کریم پرنٹنگ کامپلکس کی جانب سے شائع شدہ قرآن میں اس طرح لکھا ہے کہ۔

"جس نے انسان کو خون کے لوتھڑے سے پیدا کیا"

اور بالکل یہی ترجمہ ابن کثیر میں بھی موجود ہے۔ دوسرے کئی مفسرین نے اس آیت میں "علق" کا ترجمہ مختلف الفاظ میں کیا ہے، ان میں کچھ پیش خدمت ہیں جیسے "جمے ہوئے خون کے ایک لوتھڑے سے انسان کی تخلیق کی۔" (مولانا مودودی) "بنایا آدمی کو جمے ہوئے لہو سے" (المعارف مفتی محمد شفیع) "جمے ہوئے خون (علامہ جوادی) خون کے لوتھڑے" (محمد جونا گڑھی) " آدمی کو خون کی پھٹک سے بنایا" (مولانا رضا خان) "پیدا کیا انسان کو جمے ہوئے خون سے" (ضیا القرآن)۔ "جس نے انسان کو جمے ہوئے خون سے پیدا کیا" (تفسیر فاروق)۔

اس آیت کی تشریح میں امین احسن اصلاحی نے لکھا کہ اس آیت کا مقصد انسان کو تخلیق کے ابتدا کی یاد دہانی دلانا ہے اور اس جانب توجہ دلانا ہے کہ خدا کی قدرت و حکمت

یہ ہے کہ وہ خون کی حقیر پھٹکی کو عاقل و مدرک انسان بنا دیتا ہے، وغیرہ لیکن اس آیت کا ترجمہ طاہر القادری اس طرح کیا ہے انہوں نے علق کے معنی جونک لئے ہیں ترجمہ اس طرح ہے "اس نے انسان کو (رحم مادر) میں جونک کی طرح معلق وجود سے پیدا کیا"

سورہ علق کے علاوہ قرآن میں لفظ "علق" حسب ذیل آیتوں میں وارد ہوا ہے۔ جیسے ثم من علقۃ (سورہ حج، آیت نمبر۔۵ یعنی ۲۲-۵) رحم مادر میں جونک کی صورت میں (طاہر القادری) ثم من علقۃ (سورہ غافر آیت ٦٧ یعنی ۴۰-٦٧) "جونک کی طرح (Leech like) جمے ہوئے" (عبداللہ یوسف علی) "ثم کان علقۃ" (سورہ القیامہ آیت ۳۸ یعنی ۷۵-۳۸) "جونک کی طرح جمے ہوئے"۔ (عبداللہ یوسف علی) "فخلقنا العلقۃ" (سورہ المومنون۔ ۲۳-۱۴) رحم مادر کے اندر جونک کی صورت میں۔ (طاہر القادری) ان آیات میں قوسین میں دئے گئے مفسرین نے علق کا ترجمہ "جونک جیسی" (Leech Like) کیا ہے۔ عربی لغت میں "علقہ" کے کئی معنی ہیں، جن میں "جڑا ہوا معلق" اور پانی میں پایا جانے والا اور خون چوسنے والا کیڑا شامل ہیں، اس کے دوسرے معنوں میں منجمد خون اور گیلا غیر منجمد خون بھی ہے، علقہ کے ایک معنی "منجمد خون" بھی ہے۔ لسان العرب لغت میں علقہ کے معنی "پانی میں رہنے والا متحرک کیڑا جو خون چوستا ہے۔ دوسری لغت "قاموس المحیط" میں اس کے معنی اس طرح لکھے ہیں "پانی کا چھوٹا جاندار جو خون چوستا ہے"۔ لفظ علقہ عربی کے علاوہ عبرانی، ارمانی اور شامی زبانوں میں بھی موجود ہے جس کا مفہوم عربی کے مماثل ہے۔ صحیح بخاری اور صحیح مسلم میں بھی تخلیق کے مراحل کا اجمالی بیان اور جونک جیسی شکل کا تذکرہ موجود ہے۔

لفظ علق کی سائنسی تشریح:

اگر ہم علقہ کو ایک اصطلاح تصور کریں تو اس کے تین مدارج مقرر کئے جاسکتے ہیں۔

ابتدائی، درمیانی اور آخری۔ اب ہم آگے بڑھتے ہوئے دیکھیں کہ انسانی جنین جب نطفہ کے مرحلے سے گذر کر علقہ کے ابتدائی منزل میں داخل ہوتا ہے تو انسانی جنینیات میں ایک مرحلہ ایسا بھی آتا ہے جہاں جنین اپنی تخلیق و تشکیل کے چھٹے دن(جس کو Blastocyct کہا جاتا ہے) رحم مادر کی دیواروں سے چمٹ جاتا ہے، اس کے بعد یہ جنین (Embryo) ابتدائی آنول (Placenta) سے جڑ کر ارتباطی ڈنڈی کی مدد سے معلق ہو جاتا ہے اور یہی ڈنڈی بعد میں "بند ناف" Umbilical Cord بنتی ہے، اس طرح جن شارحین نے علقہ کا مطلب "معلق وجود" Clinging substance لیا ہے وہ بالکل صحیح نظر آتا ہے کیونکہ جنین چھ (۶) دن کے بعد اسی حالت سے گذرتا ہے اور معلق نظر آتا ہے، اب علقہ کا دوسرا یا درمیانی درجہ شروع ہوتا ہے جس میں جنین جمے ہوئے خون کے مانند نظر آتا ہے۔

اس طرح جن مفسرین نے علقہ کا ترجمہ "خون کا لوتھڑا یا منجمد خون یا خون کی پھٹک " وہ بھی بالکل صحیح ہے کیونکہ تقریباً ۲۱ دنوں کے بعد جنین کا دل اندرونی شریانوں سے جڑ جاتا ہے اور خون کی روانی کا عمل شروع ہو جاتا ہے اور دل حرکت کرنے لگتا ہے اور اس کی شکل منجمد خون کے لوتھڑے جیسی ہو جاتی ہے حالانکہ اس کے اندر خون گردش کرتا رہتا ہے۔ اب ہم علقہ کے تیسرے اور آخری درجے میں داخل ہوتے ہیں جب جنین کی عمر تین ہفتے سے زائد ہو جاتی ہے تو دیکھنے میں "جونک" جیسا نظر آتا ہے۔ نطفے کی گول شکل پہلے ہفتے کے بعد لمبوتری ہونا شروع ہو جاتی ہے اور ۲۵ تا ۳۰ دنوں میں جنین بہت حد تک جونک جیسا نظر آتا ہے،) Garwood and Campbell ۲۰۰۷). کے مطابق جنین میں جونک کے جسم جیسے حلقے پیدا ہوتے ہیں اور امریکی سائنسداں Nathanielsz)۱۹۹۴) کے مطابق جنین میں جونک (Leech) جیسے قطعے بھی پیدا ہوتے ہو جاتے

ہیں۔انسانی جنین میں قطعے جیسی دکھائی دینے والی ساختیں دراصل Somites ہیں جو ۲۱دنوں کے بعد سے پیدا ہونا شروع ہوتی ہیں ان Somites کی تعداد ۳۵دنوں میں ۴۴جوڑ تک ہو جاتی ہے۔یہاں حیرت انگیز بات یہ ہے کہ جدید سائنسی آلات کی مدد سے جن ہم "جونک" کا اندرونی تشریحی (Anatomy) جائزہ لیتے ہیں تو پتہ چلتا ہے کہ تقریبا ۲۴ دنوں بعد جنین کی ساخت Leech کی اندرونی ساخت کے بہت حد تک مماثل نظر آتی ہے۔

رابرٹ ونسٹن (۱۹۹۸) نے اپنے تجربات سے ثابت کیا ہے کہ رحم مادر میں جنین اپنے آنول کے ذریعہ اسی طرح ماں سے غذائیت حاصل کرتا ہے جیسے "جونک" اپنے شکار سے خون چوستی ہے۔ یعنی ابتدائی دنوں کا جنین جونک سے صرف ظاہری ساخت کے اعتبار سے نہیں بلکہ اندرونی ساخت اور کچھ عادات واطوار کے لحاظ سے بھی مماثلت رکھتا ہے اسی لئے خالق کائنات نے اس درجے کے مکمل عمل کو سمجھانے کے لئے ایک لفظ علق کا استعمال کیا جس کی جامعیت کا بیان نجانے کتنے برسوں تک بیان کیا جاتا رہے گا۔ اسی جامعیت کو دیکھ کر دنیا یہ سوچنے پر مجبور ہے کہ تقریباً ۱۴۵۰ برس قبل جنینی نمو سے متعلق اس قدر صحیح انداز میں قرآن نے کیسے وضاحت کی جبکہ اس دور میں کسی ایسے خوردبین یا آلے کا ذکر نہیں ملتا جو اس حقیقت کو وا کرنے میں مددگار ثابت ہوتا۔

اسی لئے IVF کو رائج کرنے والا نوبل انعام یافتہ سائنسداں ایڈورڈز (۱۹۸۹) کہتا ہے کہ ۱۹۴۰تک دنیا میں رحم مادر کے اندر وقوع پذیر ہونے والے واقعات ایک سربستہ راز تھے، لیکن قرآن کا ۱۴۵۰برس قبل انسانی جنین کو جونک جیسا کہنا ایک حیرت انگیز بات ہے۔یہی وہ مقام ہے جہاں انسان کو ٹھہر کر قدرت کی نشانیوں میں غور کرنے اور تدبر کرنے کی دعوت ملتی ہے۔ کیا اس قدر صحیح انداز بیاں خدا کی قدرت کو ماننے کی طرف

مائل نہیں کرتا، باوجود اس کے نجانے کیوں انسان حقیقت کو دنیا کے سامنے لانے کی کوشش کرتا رہتا ہے لیکن حقیقت کو مانتا نہیں۔

کچھ برس قبل دنیا کے مشہور ماہر جنینیات Keith Moore کو سعودی عرب مدعو کیا گیا تھا تاکہ نئی سائنسی تحقیق اور قرآن میں بیان کردہ حقائق کو جمع کیا جاکر دنیا کے سامنے پیش کیا جائے اس سائنسدان نے کئی برسوں کی محنت کے بعد سعودی میڈیکل یونیورسیٹیوں کے لئے حسب ذیل کتاب تیار کی۔ یہ کتاب ان کی اصل کتاب میں قرآن اور حدیث کے کچھ حوالوں کے اضافے کے بعد تیار کی گئی ہے اس کتاب کا نام ہے:

" The Developing Human: Clinically Oriented Embryology with Islamic Additions ".

اس کتاب میں جنینی مراحل میں "جونک جیسی" شکل کو بیان موجود ہے۔ اس کتاب کی تیاری کے دوران قرآن میں اس خصوص میں بیان کردہ تقریباً ۸۰ مقامات کا تذکرہ کیا اور ان کو نئی تحقیق کی روشنی میں سمجھایا اور بتایا کہ اگر صرف ۵۰ برس قبل مجھ سے ان مقامات کا ذکر کیا جاتا تو شاید میں پورے نکات کا جواب نہ دے پاتا کیونکہ ۵۰ برس قبل میڈیکل سائنس نے اس قدر ترقی نہیں کی تھی کہ ۱۴۵۰ برس قبل بیان کردہ قرآن کے ان نکات کی وضاحت کر سکے۔ Moore نے یہ تجویز پیش کی کہ انسانی جنینیات Embryology ایک پیچیدہ سائنس ہے اور اس موڑ پر یہ مناسب نظر آتا ہے کہ جنین کی ترقی کے مدارج کو قرآن اور سنت کے مطابق پیش کیا جائے۔ پروفیسر Moore کا احساس ہے کہ ساتویں صدی عیسوی میں جہاں کسی کو سائنس کا ادراک نہیں تھا لیکن جب قرآن آج کی سائنسی ترقی کے مطابق تفصیلات پیش کرتا ہے تو اس کا مطلب ہے کہ قرآن میں بیان کردہ سائنسی نکات کا علم رسول اللہ ﷺ کو خدا کی جانب سے عطا کیا گیا۔

انہوں نے شیخ عبدالمجید الزندانی کے ساتھ مل کر ان کی کتاب جنینیات کا اسلامی ایڈیشن The Developing Human with Islamic Additions لکھا۔

ہندو دھرم کے مطابق جب دودھ کے سمندر کی تخلیق کا عمل انجام پارہا تھا تو اس وقت سمندر کے درمیان میں ایک معالج دیوتا "دھنونوتری" اپنے ہاتھ میں زندگی بخشنے والا "اکسیر" Amrit (امرت) لے کر نمودار ہوا ہے اور آیوروید (Ayurved) کا اعلان کرتا ہے۔ اس وقت اس کے ہاتھ میں "جلوکا" یعنی جونک "سری چکرا" اور "شنکھ" موجود تھے۔ سنسکرت زبان میں آیوروید (Ayured) کے معنی "زندگی سے متعلق علم" ہے۔ جونک کو آیوروید میں کافی اہمیت حاصل ہے کیونکہ اس طریقہ علاج میں جونک کے ذریعہ فاسد خون کو جسم سے باہر نکالا جاتا ہے۔ سنسکرت میں ایک اصطلاح ہے Raktmokshana جس کے معنی یہی ہیں۔ اس طرح جونک ہندو مذہب میں صحت کی بقا کی علامت ہے۔ کہا جاتا ہے کہ جونک کو سب سے پہلے ہندوستان میں دریافت کیا گیا اور تقریباً ایک ہزار قبل مسیح میں بغرض علاج استعمال کیا گیا۔ انجیل (Bible) میں جونک کا ذکر Proverbs ۱۵:۳۰ میں موجود ہے، تالمود میں بھی اس کا ذکر ہوا ہے۔ یورپ میں ۲۰۰ قبل مسیح میں یونانی معالج Nicander نے جونک کو بغرض انسانی علاج استعمال کیا۔ ۱۰۰۰ عیسوی کے آس پاس بو علی سیناؔ نے اپنی شہرہ آفاق کتاب "القانون فی الطب" میں جونک کے ذریعہ علاج پر روشنی ڈالی علاوہ اس کے مشہور سائنسداں عبداللطیفؔ بغدادی نے بھی جونک کے ذریعہ علاج پر اپنی کتاب "مختارات فی الطب" میں تبصرہ کیا۔ بات مشہور ہے کہ قدیم زمانے میں حجام (Barber) جونک کے ذریعہ چھوٹی جراحی (Microsurgery) کا عمل انجام دیتے تھے۔ ۱۹۸۰ کے بعد سے مائیکرو سرجری پلاسٹک سرجری وغیرہ میں جونک کا استعمال کیا جارہا ہے۔ osteoarthritis کا علاج بھی

اسی جاندار کی مدد سے کیا جارہا ہے۔ جونک کو فارسی میں "زالو"، تلگو میں "جیلگا" ہندی ،اردو میں جونک اور سائنسی زبان میں Hirudinea medicinalis کہا جاتا ہے۔

جونک (Leech) کیچوے کے عائلہ Annelida سے تعلق رکھنے والا کیڑا نما جاندار ہے یہ ذیلی جماعت Hirudinea سے تعلق رکھتا ہے یہ جاندار پرندوں یا دوسرے جانداروں کا خون چوستا ہے، لیکن تمام Leechs خون نہیں چوستے بلکہ ان کی غذا کیچوے یا ان جیسے دوسرے جاندار ہوتی ہے۔ اب تک ان کی ۶۵۰ سے زائد انواع دریافت کی جاچکی ہیں۔ یہ عام طور پر کالے یا بھورے رنگ کے ہوتے ہیں، ان کا سائز ۷ ملی میٹر سے ۸۰ ملی میٹر تک ہو سکتا ہے لیکن دنیا میں بعض انواع ۱۸ انچ لمبی بھی دیکھی گئی ہیں۔ یہ میٹھے پانی میں، دریاؤں میں پائی جاتی ہیں لیکن بعض انواع سمندر میں بھی موجود ہوتی ہیں جن کی تعداد تقریباً ۱/ ۵ تک ہوتی ہے۔ جہاں وہ اپنا گذارا مچھلیوں پر کرتی ہیں، نر اور مادہ تولیدی اعضا ایک ہی جاندار میں پائے جاتے ہیں۔ ان کے جسم میں ۳۳ قطعے پائے جاتے ہیں اگلے حصے میں تین قطعے مل کر منہ اور آخر میں سات قطعے مل کر Sucker بناتے ہیں۔ منہ میں تین جبڑے ہوتے ہیں جن پر چھوٹے چھوٹے دانت موجود ہوتے ہیں، جن کی مدد سے جونک خون چوستی ہے ویسے بعض انواع Probosis کے ذریعہ بھی خون چوستی ہیں۔ اگر شکار کی کھال یا جلد دریائی گھوڑے کی کھال (Hippo hide) جیسی ہو تب بھی جونک بآسانی اس جاندار کا خون چوس لیتی ہے۔ جونک کی حرکت عجیب و غریب ہوتی ہیں یہ جسم کو حلقہ بنا کر لڑھکتے ہیں حرکت کرتے ہیں، یہ گرم علاقوں میں رہنے کو پسند کرتے ہیں، اکثر جونک اپنے بچوں کو Cocoon میں رکھتے ہیں لیکن بعض انواع اپنے معدے میں بھی رکھتی ہیں جن کی تعداد ۳۰۰ تک ہو سکتی ہے۔ جونک میں ماحول سے مطابقت پیدا کرنے کی زیادہ صلاحیت پائی جاتی ہے اسی لئے یہ کم آکسیجن تناسب

پر بھی بآسانی زندگی گذار سکتے ہیں، اگر ایک مرتبہ جسم سے چمٹ جائے تو یہ بآسانی پیچھا نہیں چھوڑتی اس کو دور کرنے کے لئے نمک یا صابن کا پانی استعمال کیا جاسکتا ہے۔ جونک کا اعصابی نظام انسان کے اعصابی نظام سے بعض معاملات میں ایک جیسا ہوتا ہے۔ جونک میں ۳۲ دماغ پائے جاتے ہیں، جو جسم کے ہر قطعے (Segment) میں موجود ہوتے ہیں۔

جونک (Leech) کی سب سے اہم خصوصیت اس کا خون چوسنا ہے جب جونک خون چوستی ہے تو جاندار کو یعنی شکار کو تکلیف کا احساس بھی نہیں ہوتا کیونکہ جونک میں شکار کے ان عضلات کو بے حس کرنے کے لئے مخصوص طریقہ کار پایا جاتا ہے جہاں سے انہیں خون چوسنا ہوتا ہے۔ شکار کے جسم کے جس مقام سے انہیں خون چوسنا ہوتا ہے، جونک ابتداً اس مقام پر خون کو منجمد ہونے سے روکنے والا لعاب یا کیمیائی مادہ Hirudin داخل کرتی ہے تاکہ خون چوسنے کے دوران خون کا انجماد رکاوٹ بننے نہ پائے۔ علاوہ اس کے اسی کیمیائی مادے میں جسم کے کچھ حصے کو بے حس کرنے کی صلاحیت بھی پائی جاتی ہے جس کی وجہ سے درد کا احساس کم ہو جاتا ہے۔ یہ اللہ کی عجیب حکمت ہے۔ سائنسدان اس مادے پر تحقیق کر رہے ہیں کیوں کہ اس میں نہ صرف خون کو منجمد کرنے کی صلاحیت پائی جاتی ہے بلکہ یہ بعض عضلات کو بے حس بھی کر دیتے ہیں تاکہ شکار کو خون چوسنے کے دوران تکلیف نہ ہو۔ علاوہ ازیں مانع خون منجمد اور دافع بیکٹیریا اس مادے پر سائنسدانوں کی جانب سے کی جانے نئی تحقیق اس کو دل کے امراض کا مداوا ثابت کرنے کی کوشش میں لگی ہوئی ہے۔ جونک جب خون چوسنا شروع کرتی ہے تو اپنے جسم سے پانچ گنا زائد مقدار میں خون چوس سکتی ہے۔ لیکن جب یہ خون چوس چکنے کے بعد جسم سے علیحدہ ہوتی ہے تو زخم سے کچھ دیر تک خون رستا رہتا ہے۔ اگر ایک مرتبہ کوئی جونک بھر پیٹ خون چوس لے تو یہ خون بطور غذا اس کو ایک سال تک کام آتا ہے، کیونکہ ان کی

ہضمی نالی میں جانبی تھیلیاں (Crops) یا شاخیں پائی جاتی ہیں جو خون محفوظ رکھنے کی مقدار کو بڑھاتی ہیں۔ عام طور پر علاج کی غرض سے استعمال کی جانے والی جونک کا نام Hirudo medicinalis ہے۔Hirudin ایک Peptide ہے جو جونک کے لعاب میں پایا جاتا ہے۔ جیسے کہ بیان کیا جاچکا ہے اس میں خون کے انجماد کو روکنے کی صلاحیت ہوتی ہے، موجودہ دور میں جونک کے ذریعے علاج کا طریقہ چل پڑا ہے اس طریقہ علاج میں جونک کو جسم کے مخصوص عضو سے لگایا جاتا ہے جونک اپنی دانت جسم میں گاڑھتی ہے اور اس حصے کا خون چوسنے لگتی ہے، جونک کے کاٹنے پر صرف دو یا تین مچھروں کے کاٹنے جتنا درد ہوتا ہے۔ تقریباً ۲۰ تا ۴۰ منٹ تک جونک کو خون چوسنے دیا جاتا ہے اس عمل کے دوران جونک کے ذریعہ نہ صرف فاسد خون جسم سے باہر کیا جاتا ہے بلکہ جونک کے لعاب میں شامل کیمیائی مادے جسم میں داخل ہوتے ہیں یہ مادے اس حصہ جسم میں خون کی روانی کو بہتر بناتے ہیں اس طرح جونک کے ذریعہ علاج کیا جاتا ہے،فاسد خون کو باہر نکالنے کے لئے "حجامہ" (hijamah) یعنی Cupping Therapy ان دنوں ذیابطیس کے مریضوں کا علاج بھی جونک کے ذریعہ کیا جارہا ہے، ان مریضوں کا خون دوسرے افراد کے مقابلے گاڑھا ہوتا ہے اور جونک کے لعاب میں موجود کیمیائی عناصر جب جسم کے اندر پہنچائے جاتے ہیں تو خون کی روانی میں اضافے کا امکان بڑھ جاتا ہے اور اس مرض سے پیدا ہونے والی پیچیدگیاں کم ہو جاتی ہیں۔ پلاسٹک سرجری کے دوران دماغ اور چہرے میں خون کی روانی اور رفتار کو بڑھانے کے لئے جونک کی مدد لی جارہی ہے۔ Microsurgery کے دوران بھی اس مادے کا استعمال کیا جارہا ہے،یہ مادہ vasodilator ، ہے جو شریانوں کی اندرونی گولائی کو بڑھاتا ہے۔یہ Prostaglandins کے علاج میں بھی معاون ہے ،آیوروید میں جونک کے ذریعہ

Psoriasis، جلدی امراض Paralysis اور Osteo-arthritis کا علاج کیا جاتا ہے،معالج جونک سے علاج کے دوران معالج اس بات کا خیال بھی رکھتے ہیں کہ کہیں یہ عمل نقصان دہ تو نہیں کیونکہ بعض امراض میں خون کا انجماد آسانی کے ساتھ انجام نہیں پاتا وہ امراض سے متاثر افراد یہ طریقہ علاج قطعی مناسب نہیں۔

٭ ٭ ٭

گھریلو چڑیا House Sparrow :

وہ جو کبھی ہمارے گھر کے آنگن میں پھدکتی تھی

میں جیسے ہی گھر میں داخل ہوا دیکھا کہ بڑے کشادہ صحن میں جام کے جھاڑ کے نیچے میرا پوتا فوزان احمد بیٹھا تھا، بچے کے سامنے ایک برتن رکھی تھی، جس میں دو تین بسکٹ رکھے ہوئے تھے۔ جنہیں وہ کھا کم رہا تھا اور پھینک زیادہ رہا تھا۔ میں کچھ دیر تک یہ منظر دیکھتا رہا، لیکن اس منظر میں مجھے جس چیز نے حیرت میں ڈال دیا وہ گھریلو چڑیا تھی جو بچے کے ہاتھ سے بسکٹ کا ٹکڑا چھیننے کی کوشش کر رہی تھی۔ بچہ اپنی مدافعت کر رہا تھا لیکن یہ چڑیا اپنی کوشش میں لگی ہوئی تھی بالآخر چڑیا نے ٹکڑا چھین لیا اور برتن کے بالکل بازو بیٹھ کر کھانے لگی اور بچہ اس کو بڑی حسرت و معصومیت سے دیکھنے لگا۔ جب کبھی بچے کا ہاتھ بے اختیار کسی جانب اُٹھ جاتا تو چڑیا پھدک کر قدرے دور جا بیٹھتی لیکن اونچا اُڑ کر جام کے درخت کی ٹہنی پر نہیں جاتی۔ میں اپنے آپ کو چڑیا کی نگاہوں کے دائرے سے بچا کر اس منظر کو دیکھ رہا تھا اور سوچ رہا تھا کہ چڑیا جو بحکم رب اپنے بچوں کو کھلانے پر معمور ہے کیا اس بچے کی معصومیت کو بھی جانتی ہوگی مین نے اپنے آپ میں جواب پایا کہ۔۔ہاں۔۔ یہ چڑیا نہ صرف بچے کی مٗ صومیت بلکہ ہماری متانت سے ضرور واقف ہوگی اس لئے کہ جب چڑیا نے محسوس کیا کہ میں اسے دیکھ رہا ہوں تو وہ پُھر سے اُڑ گئی اور دور ایک درخت پر جا بیٹھی۔

یہ دیکھ کر مجھے اپنا بچپن یاد آ گیا۔ جب میری ماں مجھے کھانا کھلا رہی ہوتی تو کچھ دانے میرے منہ سے نکل کر نیچے میرے ماں کے قدموں میں گر جاتے تو یہی چڑیا آ دھمکتی اور ماں کے قدموں سے دانے چننے لگتی، نہ ماں انہیں بھگاتی اور نہ ہی یہ چڑیا ڈر کر اُڑ جاتی تب میرے دل نے کہا کہ میاں۔ دنیا کی ہر چڑیا جانتی ہے کہ دنیا کی ہر ماں معصوم ہوتی ہے اور یہی وہ معصومیت ہے جو چڑیا کے دل سے ڈر کو بھگا دیتی ہے کہ خصوصاً جب ماں اپنے بچے کو کھانا کھلا رہی ہو تو وہ نڈر ہو جاتی ہے کیونکہ وہ سمجھتی ہے کہ جب تک وہ دنیا کی کسی بھی ماں کے قدموں سے لپٹی رہے تو نہ صرف محفوظ رہے گی بلکہ اسے کھانا بھی ملتا رہے گا اور یہ ماں بھی جانتی ہے کہ جب تک یہ چڑیا میرے قدموں سے لپٹی رہے گی اس وقت تک اس کا بیٹا کھانا کھاتا رہے گا۔

اسی لئے میں نے اس کتاب کو اُسی چڑیا سے منسوب کیا ہے جس نے پہلی بار میری برتن سے دانہ چرایا تھا۔ زمانہ گزرتا گیا حالات بدلتے گئے شہروں کی ترقی میں اضافہ ہونے لگا، گھر کے صحن تنگ ہو گئے، بچوں کو کھانا کھلانے کے ڈھنگ بدل گئے تو کچھ عرصے تک یہ چڑیا نہ صرف ہمارے گھروں سے بلکہ ہمارے باغوں سے، ہمارے شہروں سے بھی غائب ہو گئی۔ ماحولیاتی آلودگی نے شاید ان کو شہری علاقوں سے دور کر دیا تھا۔ اسی لئے عرصہ دراز تک میرے بچوں کی برتن سے وہ چڑیا دانہ نہیں لے جا سکی کیونکہ وہ خود اپنے وجود کو بچانے میں لگی ہوئی تھی، یہ افتاد ان پر کیوں آن پڑی کہنا مشکل ہے کیونکہ بیشتر ماہرین ماحولیات اور سائنسدانوں نے اس تعلق سے مختلف نظریات پیش کئے ہیں، بعض افراد باغوں میں غذا کی کمی کو اس کی وجہ قرار دیتے ہیں، اس کے علاوہ دوسرے عوامل میں پٹرول کے استعمال سے لے کر کاربن مانو آکسائیڈ، فرٹیلائزرس اور موبائیل فون کا کثرت سے استعمال شامل ہے۔ لیکن گذشتی چھ آٹھ برسوں سے میں یہ دیکھ رہا ہوں اور محسوس

کر رہا ہوں کہ جب اس چڑیا کو معدومیت کے ہاتھوں نے بخش دیا تو وہ پھر سے ہماری اور ہمارے بچوں کی زندگیوں میں رنگ بھرنے واپس چلی آئی، اسی لئے ہمارے دل کی کلی بھی "چوں۔چوں کرنے لگی ہے۔

قرآن میں اس پرندے کا ذکر نہیں ہے۔ بائیبل میں اس چڑیا کا ذکر کئی مقامات پر ہے خصوصاً Matthew,Luke اور Psalm میں اس چڑیا کا تذکرہ ہے۔ ہندوازم میں اس چڑیا بطور خاص تذکرہ مجھے نہیں ملا لیکن ہندوازم میں سینکڑوں پرندوں کا ذکر ہے۔ اس کو تلگو میں "پچو کا" ہندی میں "گوریا"، کنڑ زبان میں "گو بباجی"، مرہٹی میں "چمانی" فارسی میں "گنجشک" کہا جاتا ہے اور دکن کے علاقے میں اس کو "خان چڑی" کہا جاتا ہے، ان کا اصلی وطن یورپ ہے لیکن اس چڑیا کو دنیا کے دوسرے مقامات پر بھی لے جایا گیا ،اس چڑیا میں جو قوت مدافعت ہوتی ہے اس نے اس چڑیا کو ہر جگہ زندہ رکھا اسی لئے جہاں جہاں اس کو انٹروڈیوس (Introduce) کیا گیا وہاں یہ چڑیا بقا کی جدوجہد میں پوری اتری اسی لئے آج دنیا میں ہر جگہ پائی جاتی ہے۔ انگریزی ادب میں اس چڑیا کا کئی جگی ذکر ملتا ہے بالخصوص چاسر Chaucer اور شیکسپیر Shakespeare نے اس چڑیا کا ذکر کئی ایک بار کیا ہے۔Egyptian hieroglyphs میں بھی اس چڑیا کی تصاویر کئی جگہ دکھائی دیتی ہے۔ ایک اندازے کے مطابق گھریلو چڑیا کا اور انسانوں کا ساتھ تقریباً زائد از دس ہزار برس کا ہے۔

چڑیا بحیثیت مجموعی دلکش ہوتی ہے اس کے "پر" (Feathers) خوبصورت ہوتے ہیں جس کی وجہ سے اس کے وجود میں کشش پیدا ہو جاتی ہے۔ گھریلو چڑیا سادہ آواز رکھتی ہے ، اس کی آواز chirrup،chirrup (چرپ چرپ) ہوتی ہے، جب وہ ترنگ میں مسلسل گانے لگتی ہے تو ماحول میں چہچہاٹ کی خوشگوار لہریں دوڑنے لگتی ہیں اور فضا آواز

کی سادگی میں ڈوب جاتی ہے۔ شاعر اسی لئے اس مسلسل آواز کو قدرت کی حمد قرار دیتا ہے:

یہ پیاری پیاری چڑیاں پھرتی ہیں جو چہکتی
قدرت نے تیری ان کو تسبیح خواں بنایا

لیکن سائنسدان کے نزدیک یہ چوں چوں کی مسلسل آواز اس کا تولیدی گانا ہے، مادہ (Female) چڑیا عام طور پر آواز نہیں کرتی لیکن جب پرانا ساتھی چلا جاتا ہے تو یہ کسی نئے ساتھی کو متوجہ کرنے کے لئے اپنی خوبصورت آواز میں گانا گاتی ہے۔ "نر"Male کا گانا اس کو گھونسلے کا مالک ظاہر کرنے کے لئے گایا جاتا ہے۔ ہر چڑیا کے گانے میں "لئے" اور ترنم کا تغیر پایا جاتا ہے۔ عام طور پر انسانوں کے ساتھ زندگی گزارنے والی یہ چڑیا بڑی پُھرتیلی ہوتی ہے اس چڑیا کا وزن تقریباً ۳۰ گرام ہوتا ہے، اس کی لمبائی ۱۵ سنٹی میٹر ہوتی ہے۔ اس کا جسم متناسب ہوتا ہے پنکھ گول نظر آتے ہیں اور سر وسیع (Head) دکھائی دیتا ہے، اس کی چھوٹی لیکن کارآمد چونچ، چمک دار آنکھیں، بھورے، کالے اور سفید رنگ کے پر اس کے وجود میں شائستگی پیدا کر دیتے ہیں۔ نر میں سر پر تاج جیسی شکل دیکھی جا سکتی ہے جبکہ مادہ میں ایسی تاج نما شکل نہیں پائی جاتی۔ ان کے نر اور مادہ کو پروں کے رنگوں کی ترتیب کی بنیاد پر بہ آسانی شناخت کیا جا سکتا ہے۔ ان کی مادہ کسی قدر چھوٹی اور "نر" کسی قدر بڑا ہوتا ہے۔ "نر" پرندہ بھورا، مٹیالا اور سفید رنگ رکھتا ہے، جبکہ حلق کے مقام پر چونچ کے اطراف کالے رنگ کے پر پائے جاتے ہیں۔ مادہ کا رنگ بھورا اور ہلکا Cream ہوتا ہے۔ عام طور پر یہ ۳ تا ۵ برس تک زندہ رہتی ہے۔ دنیا کے تقریباً ہر مقام پر پائی جانے والی یہ سماجی چڑیا پرندوں کی جماعت Aves کے آرڈر Passeriformes سے تعلق رکھتی ہے۔ اس کا زوالوجیکل نام Passer domestic us ہے۔ ویسے اس

کی ۳۰ مختلف انواع ہیں۔ جس گھر میں ان کا بسیرا ہوتا ہے وہاں کسی یہ چڑیا کسی دوسری چڑیا کو آسانی سے داخل ہونے نہیں دیتی اس معاملے میں اس میں تیزی پائی جاتی ہے لیکن بچوں کی نگہداشت کی ذمہ داری دونوں ہی بڑی محبت سے نبھاتے ہیں۔Male چڑیا گھونسلہ بنانے کے بعد Female کو اپنی جانب متوجہ کرتی اور لایعنی حرکتیں بھی کرتی ہے جو دراصل تولیدی اشارے ہیں تاکہ "نر" کو اپنی جانب راغب کر سکے۔ اس چڑیا کی غذا زیادہ تر بیج وغیرہ ہوتی ہے۔ یہ دانہ دنکا چگتے ہیں کبھی کبھی کیڑے مکوڑے بھی کھا جاتے ہیں اسی لئے یہ کسانوں کی دوست ہوتی ہے۔ یہ چڑیا انسانی آبادیوں کے بالکل قریب اپنے گھونسلے بناتی ہے اور زندگی میں کسی بھی موڑ پر اپنے گھونسلے سے دو ایک کلومیٹر سے دور جانا پسند نہیں کرتیں، جس کی اہم وجہ شاید غذا کی وافر مقدار میں مسلسل فراہمی ہے۔ صبح اُٹھ کر یہ اپنے گھونسلے سے نکل جاتی ہے اور جب واپس ہوتی ہے تو اپنا منہ بھر لاتی ہے تاکہ بچوں کو کھلا پلا سکے۔

چوں چوں کرتی آئی چڑیا دانہ دُنکا لائی چڑیا

اردو زبان میں اکثر شعراء اکرام نے بچوں کے لئے اس چڑیا پر نظمیں لکھی ہیں۔ جیسے:

چڑیا رانی چڑیا رانی تم پرندوں کی ہو رانی
صبح سویرے اُٹھ جاتی ہو نہ جانے کیا کیا گاتی ہو

عام طور پر گھریلو چڑیا اپنا گھونسلہ کسی چھت کے نیچے یا کسی برج (Bridge) کے زیریں حصے میں بناتی ہے۔ یا گھر کی "اولتی" کے نیچے گھونسلے بنائے جاتے ہیں۔ کبھی کبھی یہ درختوں میں موجود قدرتی سوراخوں کو بھی اپنی رہائش میں تبدیل کر دیتی ہیں۔ مارچ اور اپریل کے مہینوں میں دونوں مل کر گھونسلہ بناتے ہیں لیکن "نر" گھونسلہ بنانے کی ابتدا

کرتا اور زیادہ محنت بھی "نر" ہی کرتا ہے، اسی لئے مالکانہ حقوق اسی کے ہوتے ہیں، مادہ کبھی کبھار صرف اس کا ہاتھ بٹاتی ہے۔ جمالیاتی اعتبار سے گھونسلہ زیادہ خوبصورت نہیں ہوتا لیکن ان کے استعمال کی حد تک مضبوط ہوتا ہے۔

تنکے اٹھا اٹھا کے لائیں کہاں کہاں سے
کس خوبصورتی سے پھر آشیاں بنایا

ان کے گھونسلوں میں ایک ندرت پائی جاتی ہے کیونکہ ان کے گھونسلے سرما کے موسم میں دیر تک گرمی کو باقی رکھتے ہیں اور گرما میں دیر تک اندرونی ماحول کو کسی قدر ٹھنڈا رکھتے ہیں۔ گھونسلہ بنانے کے تقریباً فوری بعد مادہ چڑیا انڈے دینا شروع کرتی ہے۔ یہ چڑیا ایک سال میں دو یا تین مرتبہ انڈے دیتی ہے، ایک مرتبہ میں یہ چڑیا ۴ انڈے دیتی ہے کبھی کبھی یہ ۶ انڈے تک بھی دیتی ہے۔ ان انڈوں کا رنگ سفید سے مدہم بھورا تک ہوتا ہے۔ کبھی یہ انڈے نیلگوں سفید یا greenish white بھی نظر آتے ہیں تقریباً ۱۱ تا ۱۲ دن تک انکیوبیشن (Incubation) ہوتا ہے۔ Female چڑیا جلد سے بنی ایک نازک ساخت Brood patch پیدا کرتی ہے انڈوں کی بہتر نگہداشت کے لئے اس ساخت کو خون کی نالیاں بھی پہنچتی ہیں اور Brood patch سے انڈوں کو گرمی منتقل کی جاتی ہے اس طرح یہ ساخت انڈوں کے انکیوبیشن میں مدد دیتی ہے، جب Female گھونسلے میں انڈوں کے ساتھ ہوتی ہے تو Male گھونسلے سے باہر کسی ایک مقام پر آرام کرتا ہے۔ ۱۱ دن کے بعد بچے انڈوں سے باہر آتے ہیں یہ بچے گھونسلے میں تقریباً ۱۵ دن رہتے ہیں اس کے بعد تقریباً سبھی بچے ایک کے بعد دیگرے گھونسلہ چھوڑ دیتے ہیں۔ ان بچوں کی پرورش نر اور مادہ مل کر انجام دیتے ہیں۔ شاعر نے کس خوبصورتی سے ماں باپ کی جانب سے بچوں کی نگہداشت کا ذکر کیا ہے کہ

اُونچی اُڑیں ہوا میں بچوں کو پر نہ بھولیں

ان بے پروں کا ان کو روزی رساں بنایا

نہ صرف اس چڑیا کا بلکہ بیشتر چڑیاؤں کا فیڈنگ (Feeding) کا طریقہ متاثر کن ہوتا ہے، جیسے ہی نر یا مادہ گھونسلے میں داخل ہوتے ہیں تو چھوٹے بچے اپنا منہ یعنی اپنی چونچ کھول کر اوپر کی جانب دیکھنے لگتے ہیں اور ماں یا باپ اپنی چونچ میں لائی ہوئی غذا تقریباً ان کی حلق کے اندر داخل کرتے ہیں۔

چڑیا نے مامتا سے پھیلا کے اپنے بازو

اپنے پروں کے اندر بچوں کو ڈھک لیا ہے۔

لیکن چڑا گیا ہے چگّا تلاش کرنے

دانہ کہیں کہیں سے پوٹے میں اپنے بھر کے

جب لائے گا تو بچے منہ کھول دیں گے جھٹ پٹ

ان کو بھرائے گا وہ ماں اور باپ دونوں

Sparrow عام طور پر ایک ہی پارٹنر کے ساتھ زندگی گزارتے ہیں، اسی لئے گھونسلے کے باہر بھی یہ چڑیا ایک دوسرے کو پہچان لیتے ہیں۔ یعنی عام طور پر یہ چڑیا Monogamous ہوتی ہیں لیکن یہ چڑیائیں کبھی کبھی دوسری مادہ چڑیا کے ساتھ بھی سر مستی کرتی دیکھی گئی ہے اسی لئے یہ کئی Broods رکھتی ہے۔

یہ چڑیا ۴۰ کلو میٹر کی رفتار سے اُڑنے کی صلاحیت رکھتی ہے۔ زمین پر بیٹھ کر دانہ چگتی ہوئی چڑیا جب کوئی آہٹ محسوس کرتی ہے تو تیزی سے کسی ایک سمت اُڑ جاتی اس وقت اس اُڑان بڑی دلکش نظر آتی ہے۔ اس میں ایک ہموار کیفیت پائی جاتی ہے۔ ایک سکنڈ میں پندرہ مرتبہ وہ اپنے پروں کو حرکت دیتی ہے۔ ان میں Dust یا water bathing عام طور پر دیکھی جاسکتی ہے۔ یہ بہترین تیراک ہوتی ہے حالانکہ یہ آبی پرندہ نہیں ہے۔ لیکن حسب ضرورت پانی میں تیر کر اپنے دشمنوں کا بچاؤ کرتی ہے۔ غذا حاصل کرنے کے لئے ان میں سیکھنے کی صلاحیت مناسب ہوتی ہے۔ یہ کالونیوں میں رہتی ہیں جنہیں flocks کہا جاتا ہے۔ ان چڑیوں کے بڑے دشمن کتّے اور بلیلاں ہیں جو تیزی سے جھپٹ کر انہیں پکڑ لیتے ہیں۔ عام طور پر ناتجربہ کار چڑیا ان کے ہاتھ لگتی ہے کیونکہ وہ ابھی زندگی کے گُر سیکھنے کے مرحلے میں ہوتی ہیں۔

کیا گھریلو چڑیا (Sparrow) معدوم ہو جائے گی:

یہاں اہم سوال یہ پیدا ہوتا ہے کہ کیا ہماری آنے والی نسلیں اس پیاری پیاری چڑیا کو دیکھ سکیں گے۔ کیونکہ گذشتہ پندرہ بیس برسوں نے ان چڑیوں پر قیامت ڈھائی ہے۔ ان کے اصلی وطن یعنی یورپ میں بھی ان کی آبادی میں غیر معمولی کمی دیکھی گئی۔ حالانکہ کے یورپ کے گارڈنس میں یہ چڑیا کثرت سے دکھائی دیتی تھی۔ آج دنیا کے بیشتر مقامات سے ان کی آبادیاں ختم ہونے کے قریب ہیں۔ ہر مقام پر دن بدن ان کی آبادی گھٹتی جارہی ہے۔

ایک اندازے کے مطابق صرف آندھرا پردیش اور تلنگانہ میں ان کی تعداد تقریباً ۸۰ تا ۸۵ فیصد کم ہوئی ہے۔ سائنسدان اور ماہرین ماحولیات اس کی کوئی واضح وجہ بیان کرنے سے قاصر ہیں۔ مختلف قسم کی آراء سامنے آرہی ہیں لیکن دانشوران اس سے سو فیصد متفق نہیں۔ اس ضمن میں جو قابل ذکر وجوہات سامنے آئی ہیں اس کو بیان کیا جاتا ہے۔

عام علاقوں سے ہٹ کر شہروں بالخصوص بڑے شہروں میں ان کی آبادی بہت گھٹ گئی ہے اکثر سائنسدانوں نے Urbanization، درختوں کی کٹوائی بالخصوص

Native plants کی کٹوائی کو اس کی اہم وجہ بتایا ہے، ہریالی (Grass) کم ہوگئی حشرات کی آبادیاں کم ہوگئیں اور یہ چڑیا بہت حد تک غذا سے محروم ہوگئی۔ اس کا اثر ان چڑیوں کی بود و باش پر بھی پڑا اور ان کے عادات اطوار میں واضح فرق واقع ہوا، رہن سہن کے پیمانے بدل گئے اور رہنے کے علاقے میں تبدیلی نے ان چڑیوں پر مضر اثرات مرتب کئے۔ علاوہ اس کے طریقہ ہائے زندگی کے بدلتے تقاضوں کے پیش نظر کرانہ (Grocery) کی دوکانوں میں جدید طرز پر اجناس اور دوسری اشیاء کی پیکنگ بھی ایک بڑی وجہ بنی کیونکہ اس میں سامان غذا اجناس ضائع نہیں ہوتے، اگر یہ زمین پر پڑے رہتے تو ان چڑیوں کو غذا فراہم ہوتی۔

ان چڑیوں کی آبادیوں میں کمی کی نشاندہی دنیا میں صنعتی انقلاب کے بعد سے دیکھی جارہی ہے۔ بعض سائنسدانوں کی تحقیق کے مطابق چین میں Mao کے زمانے میں Four Step Campaign پروگرام لانچ ہوا، اس کے بعد سے ماحولیاتی نظام (Eco system) میں تبدیلی واقع ہوئی جس کے باعث کئی ملین چڑیاں منصہ شہود سے نابود ہو گئیں۔ جس کی وجہ سے قحط پیدا ہوا اور اس وقت دنیا نے جانا کہ چڑیاں ماحولیاتی نظام کی بہتر برقراری میں اہم رول ادا کرتی ہیں۔

مختلف سائنسدانوں اور سماجی نمائندوں نے ان چڑیوں کو بچانے کے لئے کئی ایک تجاویز پیش کی ہیں جیسے دلاور پراجیکٹ وغیرہ

Dilawar Project:

اس میں مکانوں پر اونچی عمارتوں اور درختوں پر لکڑی کے بنے ہوئے باکس (Boxes) کو لگوانا شامل ہے۔ اس علاوہ اس پروجیکٹ میں Insecticides کے بے جا استعمال کو کم کرنے پر بھی توجہ دی جاتی ہے۔ محمد دلاور نیچر فار ایور سوسائٹی کے صدر ہیں

جنہوں نے ہندوستان میں اس چڑیا کو بچانے کا بیڑہ اٹھایا ہے۔ ۲۰ مارچ کو World Sparrow Day منانے کا طے کیا گیا، اس کے علاوہ بھی ایک اور پروجیکٹ Citizen Sparrow Project بھی شروع کیا گیا۔

انسانوں کے Life Style میں تبدیلی بھی ان چڑیوں کی آبادی میں کمی کی ایک بڑی وجہ بنی ہے۔ اس کے علاوہ بھی کئی ایک وجوہات ہیں جیسے گھونسلے بنانے کے لئے خام مال کی عدم دستیابی، زراعت کے نئے طریقے اور ان میں لئے استعمال ہونے والی جدید کیمیائی اشیاء، آبی، صوتی اور فضائی آلودگی، آٹو موبائیلس کی وجہ سے پھیلنے والی آلودگی، مچھر بتیوں یا مچھر بھگانے والی ادویات (Mosquito repellents) کا کثرت سے استعمال، unleaded پٹرول کا استعمال، قدیم طرز کی عمارتوں کا جدید عمارات میں تبدیل ہونا، نئی تعمیرات میں سوراخوں (Cavities) کا غیر موجود رہنا، رہائشی علاقوں میں پودوں کی آبادیوں کا قریب قریب موجود نہ ہونا، مختلف تعمیرات کے لئے سمنٹ کا بے جا استعمال، سیل فون کا بڑھتا چلن، موبائیل فون ٹاورس کی کثیر تعدد میں تنصیب، الکٹرو میگنیٹک لہروں کے ریڈیشن کا بڑھتا دائرہ، کیونکہ اس سے خارج ہونے والے کمزور ریڈیشن بھی ان چڑیوں کے لئے طاقتور بن جاتا ہے جس کو وہ سہار نہیں سکتے۔ یہ ریڈیشن نہ صرف چڑیوں بلکہ انسانوں کے لئے بھی خطرناک ہے لیکن فی الحال اس عفریت کے نتائج انسانی زندگیوں پر مکمل طور پر سامنے نہیں آئے جس کی وجہ سے ہمارے دل میں اس ڈر مکمل طور پر پیدا نہیں ہوا، جس دن اس کے بھرپور نتائج سامنے آئیں گے وہ انسانی تاریخ کا سیاہ دن ہوگا، میرا احساس ہے کہ وہ وقت نہ صرف انسانی زندگیوں بلکہ اس سے متعلق مختلف شعبہ جات کی تباہی نقطہ آغاز ہوگا۔

***

بربہوٹیRed Velvet Mite:وہ جس کو لال مخمل سے بنایا گیا

دنیا میں خدا کی خوبصورت مخلوقات کی کمی نہیں، ویسے بھی میں ہمیشہ خدا کی ہر مخلوق کو اپنے درجے میں حسن کی معراج ہی سمجھتا ہوں، اس کے باوجود بھی کبھی کبھی ہمیں کچھ ایسے مناظر یا جاندار نظر آجاتے ہیں جو ہمارے منظر سے اثر قبول کرنے والے تاروں کو چھیڑتے ہیں اور انسان محویت کے عالم میں انہیں دیکھتا رہتا ہے خود بھی لطف اندوز ہوتا ہے دوسروں کو بھی اس جانب راغب کرتا ہے اور پھر خدا کی قدرت کے گن گانے لگتا ہے۔

ان ہی مخلوقات میں ایک چھوٹا سا عنکبوت جیسا کیڑا (هیره۔Mite) بھی ہے جس کو قدرت نے مخمل سے بنا کر باغوں میں چھوڑ دیا ہے تاکہ نہ صرف بچے بلکہ بوڑھے، جوان سب اس کھیل کود کریں اور لطف ندوز ہوں۔ مجھے اپنا بچپن یاد آرہا ہے جب مجھے یہ کیڑا اسکول کے میدان میں مل جاتا تھا تو ہم اس کو بڑے جتن سے میاچس کی ڈبیا میں بند کردیتے اور گھر لے آتے، ہم اس زمانے میں اس کیڑے کو" پیروں والا مخمل کا چھوٹا گولا" کہتے تھے، اسکول کا ہوم ورک کرنے کے دوران ہم نہ جانے کتنی بار اس ننھے کیڑے کو دیکھتے جو ہمارے چھونے پر پیروں کو سکوڑ کر ایک کونے میں دبک جاتا اور نہایت چھوٹے گولے کی طرح ادھر سے ادھر لڑھکنے لگتا۔ پڑھنے کے دوران ہماری ٹوٹتی ہوئی

دلچسپی کو میری ماں محسوس کرتی اور قریب آکر میرے ہاتھوں کو دیکھتی، جب ہاتھوں میں کچھ نہ ملتا تو میز کی دراز کھول کر آخر کار اس میاچس کی ڈبیا کو دیکھ لیتی اور ڈبیا کھولتے ہوئے مجھے ڈانٹنے لگتی کہ تمہیں پڑھنے سے زیادہ کھیل کود کا شوق ہو گیا ہے، امتحانات نزدیک آرہے ہیں اور تم ہو کہ۔ یہ کہتے ہوئے جب وہ پوری ڈبیا کھول لیتی تو اندر سے مخملیں "بھر بابوٹی" جھانکنے لگتی اور وہ مجھے ڈانٹنا چھوڑ کر بھر بابوٹی کو دیکھنے میں مشغول ہو جاتی ،اسے ہلاتی جھلاتی اور اس کو چلتا دیکھ کر خوش ہونے لگتی پھر سب کچھ بھول کر کہنے لگتی کہ۔ بیٹے۔ ہم جب اسکول میں پڑھتے تھے تو اس زمانے میں ہمارا بھی یہی شوق تھا۔ میرا احساس ہے کہ بھر بابوٹی کی سب سے دلچسپ حرکت اس کا پیروں کو سمیٹنا اور یہ محسوس ہونے پر کہ اب خطرہ باقی نہیں رہا، نہایت آہستگی کے ساتھ پیروں کو کھولنا ہے جو دیکھنے والوں کو مسرتوں کی دنیا میں لے جاتا ہے۔

اس خوبصورت لال رنگ کے مخملیں کیڑے نما جاندار کو جنوبی ہند میں "بھر بابوٹی" ، "بربہوٹی"، "بھر بوٹی" کہا جاتا ہے ،اس کو تلگو میں "آرُدّراپُرگو" اور شمالی ہند کی اردو ہندی میں "رانی کیڑا" کہا جاتا ہے۔ یہ انگریزی میں Red Velvet Mite کہلاتا ہے جب کہ سائنسی زبان میں Trombidium grandissimum کہا جاتا ہے۔ ییہ خوبصورت عنکبوتی کیڑا ہے ، جس کا سائز بڑی مشکل سے آدھا انچ ہوتا ہے۔ یہ کیڑا آرتھروپوڈا کی جماعت Arachnida سے تعلق رکھتا ہے، مکڑی بھی اسی جماعت سے تعلق رکھتی ہے۔

"بربہوٹی" کو ظاہری شکل کے اعتبار سے "نر" اور مادہ کی حیثیت میں پہچاننا مشکل ہے ،ان کا تولیدی طریقہ نرالا ہے ، خدا نے ہر جاندار میں خواہ وہ چھوٹا ہو یا بڑا اپنی مادہ کو رجھانے کیلئے قسم قسم کے طریقے ان کی ذات میں شامل کر دیئے ہیں۔ جب کوئی "نر" کسی

مادہ کو راغب کرنا چاہتا ہے پہلے یہ ایک خاص انداز کا دائروی رقص کرتا ہے۔اس کے بعد ""بربہوٹی" کا "نر" اپنے اسپرمس کسی ایک ٹہنی یا زمین کے ایک مخصوص حصے پر خارج کرتا ہے۔ جہاں یہ اپنے اسپرمس کا اخراج عمل میں لاتا ہے اس مقام پر وہ خوبصورت اشیاء لگاتا چلا جاتا ہے علاوہ اس کے ایک ریشمی راستہ بھی تیار کرتا ہے تاکہ اس راستے سے چل اس کی مادہ اس جگہ تک آجائے جہاں انڈے رکھے ہیں شاید اسی لئے "بربہوٹی" کا "نر" اس مقام کی تزئین بڑے جتن سے کرتا ہے تاکہ مادہ کو رجھا سکے، اس کے ساتھ رقص کرسکے اور "نر" کے اس انداز سے متاثر ہوکر مادہ "نر" کے خارج کردہ اسپرمس پر بیٹھ جائے تاکہ تولید کا مرحلہ آگے بڑھ سکے۔ کبھی کبھی ان کیڑوں میں جذبہ رقابت بھی آجاتا ہے اگر کوئی دوسرا "نر" اس ماحول میں کسی مادہ کو دیکھ لے اور اصل "نر" کو غیر موجود پائے تو یہ پہلے والے "نر" کے اسپرمس کو ضائع کردیتا ہے اور اپنے اسپرمس کو خارج کرتا ہے تاکہ مادہ اس کے اسپرمس پر بیٹھ جائے۔

"بربہوٹی" صرف کچھ دنوں کے لئے زندہ رہتی ہے، یہ جاندار سال بھر دکھائی نہیں دیتے بلکہ یہ ہر برس مانسون کی ابتدا میں زمین میں موجود ان انڈوں سے برآمد ہوتے ہیں،اس کے انڈے گیلی زمین میں عرصہ قبل ہی محفوظ ہوجاتے ہیں۔لاروا کی حالت میں بھربابوٹی طفیلی جاندار ہے جو مکڑیوں یا پتنگوں پر اپنی زندگی گذارتے ہیں۔ عام طور سے انڈوں سے بچے نکلنے کی مدت دو تا تین ماہ ہوتی ہے۔ "بھربہوٹی" شمالی ہند میں کثرت سے دکھائی دیتا ہے ،اکثر اوقات یہ کیچوؤں کیساتھ زمین کے اندر دبی حالت میں پایا جاتا ہے،اسی لئے یہ صرف کچھ ہفتوں کے لئے دکھائی دیتا ہے۔جب بارش ہوتی ہے تو یہ باہر نکل آتا ہے اسی لئے بعض علاقوں میں اس کو "برساتی کیڑا" "Rain's Insect." بھی کہا جاتا ہے۔انہیں ۸ پیر پائے جاتے ہیں لیکن انڈے سے نکلنے کے فوری بعد ان میں

صرف چھ پیر ہی دکھائی دیتے ہیں۔

بربہوٹی یا بھر بابوٹی ایک خوبصورت عنکبوتی کیڑا ہے جو انسانوں کے لئے بھی فائدہ مند ہے یہ چھوٹے چھوٹے کیڑوں، Beetle کے انڈوں اور جراثیم کو کھا جاتا ہے، کبھی کبھی یہ جاندار اپنی ہی نسل کے دوسرے کیڑوں کو بھی کھا جاتا ہے،"بربہوٹی"کا ایک اہم کام فصلوں کی حفاظت کرنا اور زمین کی زرخیزی میں اضافہ کرتا ہے، یہ کیڑے ماحول کو متوازن بنانے میں بھی اہم رول ادا کرتا ہے،اس کی غذا میں کئی حشرات اور مکڑی وغیرہ شامل ہے، یہ کیڑا سخت ماحول میں بھی زندہ رہ سکتا ہے آلودہ ماحول بھی اس پر اثر انداز نہیں ہوتا کیونکہ ان کے جسم میں Antifungal دافع فنجی سیال خارج ہوتا ہے اور ان کے خون Hemolymph میں شامل ہوکر بیکٹیریا اور فنگس کے حملوں سے بچاتا ہے۔صدیوں سے ہندوستانی ادویہ میں اس کیڑے کی بڑی اہمیت ہے،اس سے لال رنگ کا تیل نکالا جاتا ہے جس میں کئی بیماریوں کا علاج موجود ہے، بالخصوص اس کا تیل فالج کے لئے مفید ہے اس کے علاوہ یہ جنسی خواہشات کو جگانے کے لئے یعنی Aphrodisiac (منشطات جنسیہ طبیعیہ) کے لئے کافی فائدہ مند ہے۔اسی لئے اس کو Indian Viagra بھی کہا جاتا ہے۔ جدید طب بھی اس Mite یعنی بھر بہوٹی پر تحقیق کر رہی ہے۔

***

تتلی Butterfly: ایک خوب صورت پتنگا

وہ جاندار جس کا وزن گلاب کی دو پنکھڑیوں کے برابر ہوتا ہے

وقل الحمد للہ سیریکم آیاتہ فتعرفونھا (النمل ۲۷)

اور کہہ دو تعریف اللہ ہی کے لئے ہے وہ عنقریب تم کو اپنی نشانیاں دکھائے گا اور تم ان کو پہچان لوگے۔

جو تتلیوں کے پروں پر بھی پھول کاڑھتا ہے یہ لوگ کہتے ہیں اس کی کوئی نشانی نہیں

تتلی کا لفظ قرآن میں راست طور پر نہیں آیا لیکن پتنگوں کا لفظ استعمال ہوا ہے یوم یکون الناس کالفراش المبثوث (القارعہ ۴) "وہ یوم جب لوگ بکھرے ہوئے پتنگوں کی طرح ہونگے "یعنی روز محشر لوگ پروانوں کے مانند پریشان حال ہونگے۔

تتلی (Butterfly) ایک خوبصورت پتنگا ہے۔ جن کا وزن گلاب کی دو پنکھڑیوں کے برابر ہوتا ہے اس کی خوبصورتی کی وجہ اس کے "پر" ہیں جو خدا کی تخلیق کا حسین ترین نمونہ ہیں، اس کے پروں میں رنگوں کا امتزاج اور تشاکل انسان کو حیران کر دیتا ہے جس میں کوئی نقص موجود نہیں ہوتا، نہ صرف تتلی کے پر بلکہ اس کے پورے وجود پر نگاہ ڈالی جائے تو پتہ چلے گا کہ تتلی کی ہر شئے مکمل ہے اور اس کے ہر عضو میں اللہ نے حسن رکھا ہے۔ علاوہ اس کے نہ صرف تتلی بلکہ ہم دنیا میں موجود تمام ہی مخلوقات پر نظر ڈالیں تو معلوم ہوگا کہ دنیا کی سبھی مخلوقات خدا کی ایسی تخلیق ہیں جن کا نہ کوئی بدل اور نہ ہی کوئی

ثانی ہے، اللہ نے ہر مخلوق کو اس کی ضرورت کے مطابق صفات عطا کئے ہیں اور اس کو تکمیلیت کی معراج پر پہنچایا ہے اور وہ اللہ ہی ہے جس نے کائنات کی ہر چیز کو پیدا کیا اور جملہ تقاضوں کی تکمیل کے ساتھ اس کو درست توازن دیا (سورۃ الاعلی۔ ۲) اسی لئے دیکھنے کے زاویہ کو بدل کر دنیا کا مشاہدہ کریں تو ایسا محسوس ہوتا ہے کہ خدا نے دنیا میں صرف حسن ہی کی تخلیق فرمائی ہے جو ساری دنیا کو اپنے گھیرے میں لئے ہوئے ہے، خدا حسین ہے، اسی لئے اس کی ساری تخلیقات حسین ہیں۔

اس کے باوجود بزرگوں کا خیال ہے کہ قدرت نے ساری مخلوقات میں سب سے زیادہ حسین خود انسان کو بنایا ہے، سورہ انفطار میں انسان کو متناسب یعنی حسین انداز میں بنانے کا تذکرہ موجود ہے، ہم اپنی ناقص عقل اور محدود نظر کے مطابق خدا کی تمام تخلیقات میں انسان کو حسن کی معراج کہہ سکتے ہیں، ویسے خدا، خدا ہے اس کی قدرت لامحدود ہے، ہم مجبور محض اس کی ذات اور قدرت کو ناپنے کا کوئی پیمانہ نہیں رکھتے سوائے اس کے کہ شکر و بندگی کے مرکب پر سوار اس کو راضی کرنے کی کوشش کریں۔ اللہ نے آسمانوں کو پیدا کیا اور اس کو تاروں سے سجا کر اس کی خوبصورتی میں چار چاند لگا دئے۔

حدیث میں آتا ہے کہ اللہ خود حسین ہے اور حسن کو پسند کرتا ہے، یعنی اللہ نے اس دنیا میں ساری چیزوں کو حسین بنایا ہے اور ا۳ن ہی حسین چیزوں میں ایک تتلی ہے جس کا خوبصورت رنگ انسان کو کچھ دیر کے لئے اپنے آپ میں گم کر دیتا ہے اور انسان کو خدا کے وجود کو ماننے کے لئے مجبور کر دیتا ہے۔ اس طرح تتلی میری نظر میں ایک قدرتی عجوبہ ہے، ویسے اس کائنات کی ہر شئے، جس کو انسان حسین مانے یا نہ مانے وہ ایک عجوبہ ہی ہے کیونکہ خدا کی تخلیقات کا نہ کوئی بدل ہے اور نہ ہی اس کی کوئی مثل ہے، خدا کی تمام تخلیقات حسن سے بھرپور ہیں لیکن انسان نے اس دنیا میں خوبصورت اور بدصورت کا

معیار الگ قائم کر رکھا ہے اسی لئے ممکن ہے انسان کو بعض تخلیقات بد صورت نظر آئیں لیکن حقیقت یہ ہے کہ اس دنیا کی ہر شئے حسین ہے اور میں سمجھتا ہوں کہ اس دنیا کی ہر بد صورت شئے بھی اللہ کی تخلیقات میں حسن کے کسی نہ کسی درجے پر فائز ہوتی ہیں، کیونکہ خود اللہ حسین و جمیل ہے اور خود حسن کو پسند کرتا ہے تو پھر اس کی کوئی بھی تخلیق بد صورت کیسے ہو سکتی ہے، سوائے اس کے کہ قدرت نے کسی شئے کو مصلحتاً دنیا کی نظر میں غیر حسین پیدا کیا ہو لیکن حقیقتاً وہ حسین ہیں جس کو ہماری نہ آنکھ دیکھ سکتی ہے اور نہ ہی دماغ سمجھ سکتا ہے کیونکہ خدا کے حسن کو سمجھنے اور اس کی تہہ تک پہنچنے کے لئے نہ ہمارے پاس صلاحیت ہے اور نہ ہی آنکھ میں وہ قدرت ہے۔ہندوستانی فلسفے میں مراقبہ کی اہمیت کو تتلی کی دورِ حیات سے سمجھایا جاتا ہے۔

تتلی ایک کیڑا (Insect) ہے جو کیڑوں کے ایک بڑے گروپ Insecta سے تعلق رکھتی ہے یہ گروپ سوائے انتارتیکا کے ساری دنیا میں پایا جاتا ہے۔ لیکن Arctic علاقے جہاں ۲۴ گھنٹے دن کی روشنی پھیلی رہتی ہے وہاں ان کی تعداد زیادہ ہوتی ہے اسی لئے وہاں تتلیاں ہمیشہ اڑتی ہوئی دیکھی جاسکتی ہیں، دنیا میں تتلی کی ہزاروں انواع ہیں، ایک اندازے کے مطابق آج تک ان کی ۰۰۰،۵۵،ا سے زائد انواع کو بیان کیا جاچکا ہے۔ صرف جنوبی امریکہ میں ان کی ۲۰۰۰ سے زائد انواع دکھائی دیتی ہیں۔ یہ دنیا میں ہر جگہ پائی جاتی ہیں، انگریزی میں اس کا نام Butterfly ہے اس کا یہ نام یورپ میں میں ایک مخصوص زمانے میں اڑنے والی تتلیوں کی وجہ سے پڑ گیا کیونکہ یورپ میں یہ بہار کے ابتدائی زمانے میں دکھائی دیتے ہیں اور بہار کا ابتدائی زمانہ Butter کہلاتا ہے۔ اسی مناسبت سے اس کا نام Butterfly پڑ گیا۔ تتلی جب انڈے سے نکلتی ہے تو تقریباً بے وزن ہوتی ہے اگر ہم اس کو دوسرے انداز میں بیان کریں تو ان کا وزن صرف گلاب کی دو

پنکھڑیوں کے برابر ہوتا ہے لیکن بالغ ہوتے ہوتے اس کے وزن میں تقریباً ۲۷۰۰ گنا اضافہ ہوتا ہے جب کہ وہ کارٹر پلر کے مرحلے میں داخل ہوتی ہے۔ عام طور پر کارٹر پلر اپنے آپ کو Chrysalis میں بند کرلیتا ہے، کارٹر پلر کے اس خول میں بند ہونے کا ذمہ دار Juvenile ہارمون ہوتا ہے، جب کارٹر پلر سے مختلف قسم کے کیمیائی مادے خارج ہوتے ہیں تو خلیوں کی تنظیم جدید انجام پاتی ہے اور اس کے بعد دو "پر" والی تتلی پیدا ہوتی ہے، مادہ (Female) تتلی ایک خاص خوشبو خارج کرتی ہے جس کو نر تتلی (Male) تقریباً ایک میل دور سے سونگھ لیتی ہے۔

تتلیوں کا دور حیات چار مرحلوں پر مشتمل ہوتا ہے پہلا مرحلہ انڈوں کا ہے جو کسی بھی درخت یا پودوں کے پتوں پر دئے جاتے ہیں، دوسرا مرحلہ انڈوں سے لاروں کے نکلنے کا ہوتا ہے تیسرا مرحلہ پیوپا (Pupa) اور چوتھا بالغ تتلی کے بننے کا ہوتا ہے، یہاں ہم صرف قارئین کی دلچسپی کے لئے بتادیں کہ اگر اسی رفتار سے انسان کا وزن بڑھنے لگے تو انسان بالغ ہوتے ہوتے ایک لاکھ کلو سے زائد ہوجائے گا۔ تتلی آرتھروپوڈا کی جماعت Insecta سے تعلق رکھتی ہے، سب سے بڑی تتلی Atlas moth یا Attacus atlas کہلاتی ہے جو ایک فٹ لمبی ہوتی ہے۔ اس سے قدرے چھوٹی تتلی کا نام رانی الکزینڈرا ہے جس کو Omithoptera alexandrae کہا جاتا ہے۔

سب سے چھوٹی تتلی صرف .۳ سنٹی میٹر کی ہوتی ہے جس کو Phyllocnistis کہا جاتا ہے اس سے قدرے بڑی تتلی بھی صرف ایک سنٹی میٹر کی ہوتی ہے جو Brephidium exilis کہلاتی ہے۔ چھوٹی تتلی کا وزن صرف .۰۰۳ گرام ہوتا ہے جب کہ بڑی سے بڑی تتلی کا وزن ایک تا تین گرام ہوتا ہے۔ عام طور پر ان کی زندگی صرف دو ہفتوں سے دو مہینوں کے درمیان ہوتی ہے سب سے زیادہ عمر رکھنے والی تتلی

Monarchیا Danaus plexippus کہا جاتا ہے جس کی عمر ایک سال ہوتی ہے، یہ تتلی ۷۱کلو میٹر فی گھنٹہ کی رفتار سے اڑنے کی صلاحیت رکھتی ہے اور تقریباً ۲۰۰۰ میل تک ہجرت کر سکتی ہے۔ عام طور پر تمام تتلیاں اس وقت تک پرواز کر سکتی ہیں جب تک کہ ان کے جسم کی حرارت ۸۶ ڈگری یا اس سے زائد برقرار ہو، عام طور پر تتلیاں بے ضرر ہوتی ہیں لیکن بعض تتلیاں ایسی بھی دیکھی گئی ہیں جو زہریلی ہوتی ہیں اور انسان کو نقصان پہنچاتی ہیں۔

تتلیوں میں آواز پیدا کرنے کی صلاحیت نہیں ہوتی لیکن فلوریڈا کی متوطن کچھ تتلیاں اپنے پیروں کو مرتعش کر کے آواز پیدا کرتی ہیں۔ تتلیاں کبھی کبھی انسان کے جسم پر بھی آ بیٹھتی ہیں کیونکہ اکثر اوقات فعلیاتی ضروریات کے تحت انہیں سوڈیم درکار ہوتا ہے جو انسانی پسینے سے انہیں مل جاتا ہے۔

تتلی کو چھ جوڑ پیر ایک جوڑا انٹنے (محاس) پائے جاتے ہیں اس کے محاس اور جسم کے دوسرے حصوں پر موجود حسی اعضاء کی وجہ سے وہ غذا کو بہترین انداز میں پرکھ لیتی ہیں اور ان کا ذائقہ معلوم کر لیتی ہیں۔ اس میں کان نہین پائے جاتے بلکہ یہ اپنے پروں کے ذریعے آواز کی لہروں کو محسوس کرتی ہیں۔ تتلی میں چھ ہزار عدسوں سے بنی مرکب آنکھیں پائی جاتی ہیں جن میں الٹراوائلٹ شعاعوں کو دیکھنے کی صلاحیت پائی جاتی ہے جو ان کے "پروں" کے ذریعہ منعکس ہوتی ہیں، جبکہ ان شعاعوں کو انسان نہیں دیکھ سکتا۔ تتلی اپنے سر کو حرکت دئے بغیر اپنی آنکھوں کی مدد سے اطراف واکناف کا جائزہ لے سکتی ہے۔ تتلی میں منہ (Mouth) نہیں پایا جاتا بلکہ ان میں ایک سونڈ پائی جاتی ہے جو غذا کو جسم کے اندر پہنچاتی ہیں۔ بعض تتلیاں جیسے Luna moth میں سونڈ بھی نہیں پائی جاتی کیونکہ ان کی زندگی اتنی مختصر ہوتی ہے کہ انہیں کھانے کی ضرورت ہی محسوس

نہیں ہوتی۔ تتلی کی عمر مختلف ہوتی ہے اکثر تتلیاں مہینہ دو مہینے تک زندہ رہتی ہیں لیکن بعض تتلیاں اس دنیا میں صرف ۲۴ گھنٹوں کی مہمان ہوتی ہیں۔ان کے جسم کو تین حصوں میں تمیز کیا جاسکتا ہے،ان کا سارا جسم حساس بالوں سے ڈھکا رہتا ہے۔ تتلی کے جسم پر دو "پر" پائے جاتے ہیں، تتلی جب پیدا ہوتی ہے تب اس کو پر نہیں ہوتے۔

تتلی کے پنکھ یا" پر" ایک پیچیدہ ساخت ہیں جو خدا کی قدرت کا بین نشان ہیں یہ در حقیقت پرتوں کی شکل میں پائے جاتے ہیں جو شفاف اور بغیر کسی رنگ کے ہوتے ہیں، ان میں خون کی نالیاں بھی پائی جاتی ہیں جو ان پروں کی نگہداشت کرتی ہیں،اس کے پنکھ Chitin سے بنے رہتے ہیں۔ تتلی میں پنکھ کے دو جوڑ پائے جاتے ہیں جو دو اگلی جانب اور دو پچھلی جانب موجود رہتے ہیں یہ پنکھ ایک سکنڈ میں ۵ تا ۲۰ مرتبہ حرکت کرتے ہیں، تتلی سے ہٹ کر عائلہ آرتھروپوڈا میں بعض ایسے پتنگے یا Flies بھی پائے جاتے ہیں جن کے " پر "(Wings) ایک سکنڈ میں ایک ہزار سے زائد مرتبہ حرکت کرتے ہیں ، تتلیوں کے "پروں" کو خوبصورت رنگ ان کے پنکھ پر موجود لکیروں جیسی ساختوں میں جمے چھلکوں سے ملتا ہے۔

اسی لئے تتلیاں درجہ بندی کے جس قبیلے سے تعلق رکھتی ہیں وہ Lepidoptera کہلاتا ہے جو ایک یونانی لفظ ہے جس کے معنی "ایسے "پر" کے ہیں جن پر چھلکے پائے جاتے ہیں"، یہ کافی وسیع قبیلہ ہے جس کو سائنسدانوں نے ۱۲۴ شاخوں میں تقسیم کیا ہے۔ تتلی کے پنکھ کا اگر مشاہدہ کیا جائے تو ہمیں دونوں پنکھ کے درمیان غیر معمولی مشابہت نظر آتی ہے جو انسان کو حیران کر دیتی ہے، علاوہ ازیں اس پنکھ پر موجود رنگ اپنی خوبصورتی اور تکمیلیت کی انتہا کے باوجود انتہائی ناپائیدار ہوتے ہیں، خدا کی اس قدرت کو دیکھ کر انسان کے ہوش اڑ جاتے ہیں کہ تتلی کے پنکھ کے تمام رنگ کچے ہوتے ہیں لیکن کوئی بھی رنگ

ایک دوسرے سے ملا ہوا نہیں ہوتا اور ایک پنکھ کا ڈیزائن دوسرے کے بالکل مشابہہ ہوتا ہے ،اس کی ہلکی سے ہلکی ساخت میں بھی اختلاف نہیں پایا جاتا۔ تتلی کے ان پنکھوں میں پیدا ہونے والے رنگ دراصل اس پر موجود نہایت چھوٹے چھلکوں کے ایک دوسرے کے ساتھ پیوست رہنے کی وجہ سے پیدا ہوتے ہیں یہ چھلکے بہت چھوٹے اور نہایت نازک ہوتے ہیں۔اگر ایک چھلکے میں بھی اختلاف پیدا ہوجاتے تو ان پنکھوں کا تشاکل بگڑ جائے۔یہی وہ مہین اور ناپائیدار چھلکے ہیں جو اگر ہمارے ہاتھ سے مس ہوجائیں تو ہمارے ہاتھ سے لگ جاتے ہیں اور اسی قدر جگہ تتلی کے پر داغدار ہوجاتے ہیں اس قدر ناپائیداری کے باوجود دونوں پنکھ کا ایک جیسا ہونا قدرت کی اعلیٰ کاریگری اور اس کی عظمت والی خلاقیت کو ثابت کرتا ہے۔

یہ بات بھی قارئین کی دلچسپی کا باعث ہوگی کہ اس کے پنکھ کا رنگ کسیPigment کا نہیں بلکہ روشنی کے انعکاس کا نتیجہ ہے۔یہ اپنے گہرے اور رنگین پروں کے ذریعہ سورج کی روشنی کو جذب کرتی ہے اور مختلف رنگوں کی شکل میں ظاہر کرتی ہے۔ تتلیوں کے پر اپنے اندر کئی خصوصیات رکھتے ہیں ، خصوصاً فطرت میں پیدا ہونے والے شکلی تغیرات کو اس کے "پر" بہتر انداز میں سمجھتے ہیں اور اپنے طریقے سے اس کا اظہار بھی کرتے ہیں، لیکن عمر کے ساتھ ساتھ ان کے "پروں" کی رعنائی ماند پڑنے لگتی ہے اور حوادثات زمانہ کی سختیاں جھیل کر ان کی خوبصورتی متاثر ہوجاتی ہے۔ تتلیاں زیادہ تر لال یا گلابی یا پیلے پھولوں کو پسند کرتی ہیں حالانکہ وہ ان رنگوں کو نہیں دیکھ سکتیں،(بعض سائنسدانوں کا خیال ہے کہ وہ ان رنگوں کو دیکھ سکتی ہیں اور تمیز کرنے کی صلاحیت رکھتی ہیں،

تتلیاں ارنڈی کے خاندان سے تعلق رکھنے والے پودوں سے رس نہیں چوستی

کیونکہ اس میں ایک زہریلا مادہ پایا جاتا ہے، جبکہ Umbelliferae سے تعلق رکھنے والے پودوں سے رس چوستی ہیں کیونکہ انہیں معلوم ہے کہ اس میں کوئی زہریلا مادہ نہیں ہوتا۔ اس موڑ پر کیا ہم یہ نہیں سوچ سکتے کہ آخر وہ کونسی قوت ہے جو انہیں ان پودوں کے مابین فرق کرنا سکھا رہی ہے اور ان کے زہریلے یا غیر زہریلے ہونے سے متعلق معلومات فراہم کر رہی ہے۔

تتلیاں عام طور پر دن میں ہی اڑتی ہیں لیکن بعض تتلیاں رات کے وقت بھی اپنی غذا کی تلاش میں سرگرداں نظر آتی ہیں، تتلیوں کو قدرت نے "کانوں" (Ears) سے بھی نوازا ہے جو اس کے پنکھ میں پائے جاتے ہیں اور آواز کی لہروں کو محسوس کرتے ہوئے چمگاڈر کا شکار ہونے سے بچنے کے لئے تدابیر ڈھونڈتے ہیں۔ اسی لئے ہم تتلی کے پنکھ کو قدرت کا ایک انمول تحفہ یا انسان کو یقین کی منزل تک لانے کی ایک عمدہ مثال قرار دے سکتے ہیں۔ تاکہ انسان خدا کے وجود کا نہ صرف اقرار کرے بلکہ اس کی عظمت کے گن بھی گانے لگے۔

***

نیل کنٹھ Blue Jay: تلنگانہ کا ریاستی پرندہ: پالاپٹا

جب ہم اپنے اطراف و اکناف کا جائزہ لیتے ہیں تو ہمیں یہ دنیا خوبصورتی کی تہوں میں لپٹی نظر آتی ہے۔ دنیا کی اس خوبصورتی کو بڑھانے والے عناصر کو اگر ہم بغور دیکھیں تو ہمیں قدرت کی کاریگری کے ناقابل یقین نمونے ہر جگہ دکھائی دیتے ہیں، یہ دراصل اللہ کی نشانیاں ہیں ان میں کچھ دکھائی دیتی ہیں اور کچھ ہماری نظروں سے اوجھل ہیں۔ جنہیں ہماری آنکھیں دیکھ نہیں سکتیں ان کا بیان مشکل ہے لیکن دکھائی دینے والی نشانیوں یا عناصر کا بیان بھی آسان نہیں جیسے آسمان، زمین، پہاڑ، بادل، درخت، پھول، پرندے وغیرہ۔۔ ان میں ہر مخلوق اپنی حیثیت میں لاجواب خوبصورت رکھتی ہے، ان میں پرندے بھی شامل ہیں جو قدرت کی ایک حسین مخلوق ہے

ان ہی پرندوں میں ایک پرندے کا نام ہے نیل کنٹھ (Blue Jay) یا نیل کنٹھ۔ یا۔ سبز قبائی ہندی۔ جس کی ہر ادا دیکھنے والے کو مبہوت کر دیتی ہے جیسے اس کے دانے چگنے کا انداز۔ جس میں قدرت نے حسن کا دریا موجزن کر دیا ہے۔ شاید اسی لئے اس پرندے کو ہماری ریاست کا سرکاری پرندہ قرار دیا ہے۔

جس طرح تلنگانہ کا ریاستی جانور ہرن (Deer)، ریاستی پھل آم (Mango) ریاستی پھول Tangedu اور ریاستی درخت Jammi Tree ہے جس کا سائنسی نام Prosopis ہے اسی طرح تلنگانہ کا ریاستی پرندہ نیل کنٹھ ہے۔ اس کو انگریزی میں Blue Jay اور عام زبان میں Indian Roller بھی کہا جاتا ہے تیلگو میں اس کو

Palapitta کہا جاتا ہے۔ ہندو عقیدے کے مطابق اس پرندے کو "لارڈ راما" نے لنکا پر حملہ کرنے سے قبل رنگ دار بنایا تھا۔ ہندو تہوار دسہرہ میں اس پرندے کا دیدار پسندیدہ خیال کیا جاتا ہے۔ اس کا سائنسی نام Coracias benghalensis ہے۔ یہ پرندہ کوّے کے خاندان سے تعلق رکھتا ہے، تلنگانہ ریاست کے قیام کے بعد حکومت نے اس پرندے کو ریاستی پرندہ قرار دیا ہے۔ ویسے یہ پرندہ آندھرا پردیش، کرناٹک اور اڈیسہ کا بھی ریاستی پرندہ ہے۔

Blue jay کوّے کے خاندان سے تعلق رکھتا ہے۔ یہ Songbirds ہیں۔ یہ Monogamous پرندہ ہے یعنی زندگی بھر ایک ہی پرندے کے ساتھ رہتا ہے نر اور مادہ کی محبت مثالی ہوتی ہے اگر جوڑے میں کا ایک پرندہ ختم ہو جائے تب ہی وہ کسی دوسرے کے ساتھ ہولیتا ہے۔ ورنہ وہی نر اور مادہ ایک ساتھ رہتے ہیں جنہوں نے ایک ساتھ زندگی گزارنے کے عہد و پیمان کے زندگی کی ابتدا کی تھی۔

یہ ایک خوبصورت پرندہ ہے۔ لیکن جارحانہ فطرت رکھتا ہے، یہ پرندہ ان پرندوں پر حملہ کرتا ہے جو اس کے علاقے میں آدھمکتے ہیں۔ دیکھنے میں نیلا نظر آنے والا یہ پرندہ در حقیقت نیلے (Blue) کا نہیں ہوتا ہے بلکہ اس کے "پروں" کو رنگ دینے والے عناصر Gray یا بھورے (Brown) کے ہوتے ہیں اس طرح اس کو بھورا دکھائی دینا چاہئے لیکن یہ خدا کا عجیب انتظام ہے کہ یہ بھورا رنگ جب مخصوص خلیوں کے تماس آتا ہے تو ایک پیچیدہ مرکب بناتا ہے جب اس مرکب پر روشنی پڑتی ہے تو یہ بھورا رنگ "نیلے" (Blue) رنگ جیسا دکھائی دینے لگتا ہے۔ اگر ہم اس کے "پروں" کو موڑ دیں یا ہاتھ سے دبا کر اس کی ہیت بدل دیں تو اس کا نیلا رنگ جاتا رہتا ہے اور پروں میں بھورا رنگ نمودار ہوتا ہے کیونکہ روشنی کو منعکس کرنے والی مخصوص ساختیں اس کے پروں یعنی

Feathers سے جاتی رہتی ہیں۔یہی وجہ ہے کہ اس کا رنگ مدھم ہونے نہیں پاتا۔ان کے پروں کے Barb چھوٹی چھوٹی ہوا کی تھیلیاں رکھتے ہیں جس میں Melanin Pigment Crystals پایا جاتا ہے۔جو ہر طولی لمبائی رکھنے والی رنگ کو جذب کرتے ہیں سوائے نیلے رنگ کے۔ جس کی وجہ سے یہ نیلا رنگ منعطف ہوکر پھیل جاتا ہے اور انسانی آنکھوں کو اس کا رنگ نیلا نظر آنے لگتا ہے۔ جیسے آسمان نیلا نظر آتا ہے حالانکہ وہ نہ نیلا ہوتا ہے نہ سفید، بس یہ صرف روشنی کا کھیل ہے جو نیلے رنگ کو ظاہر کرتی ہے۔ Blue Jay ایک خاص عمل بھی انجام دیتا ہے جس کو Anting کہا جاتا ہے۔ اس عمل کے دوران یہ پرندہ چیونٹیوں کو اپنے پروں کی درازوں میں لے لیتا ہے، چیونٹیاں سارے پروں میں پھیل جاتی ہیں اور ایک خاص زہریلا مادہ Formic Acid خارج کرتی ہیں جو اس پرندے کے لئے ہاضمے میں مددگار ہیں۔ یہ خدا کی عجیب حکمت ہے کہ ایک جاندار کی ناکارہ یا مضرت رساں اشیاء دوسرے جانداروں کے لئے فائدے کا باعث بن جاتی ہیں۔یہی قدرت ہے اور یہی قدرت کا کارخانہ ہے جو انسانی سمجھ سے باہر ہے۔

یہ پرندہ عام طور پر شمالی امریکہ اور جنوبی کینڈا میں پایا جاتا ہے، اس پرندے کو کنیڈا کے ٹورنٹو شہر کی مشہور بیس بال کی ٹیم کا Mascot قرار دیا گیا ہے۔انہیں "ٹورنٹو بلو جے" کہا جاتا ہے۔اس کی لمبائی عام طور پر ۹ تا ۱۲ انچ ہوتی ہے۔ ان کا وزن ڈھائی تا ساڑھے تین اونس ہوتا ہے ان کے "نر" پرندے "مادہ" کے مقابلے کسی قدر بڑے ہوتے ہیں۔ اس کا بھورا رنگ "نیلے" رنگ کا دکھائی دیتا ہے جب کہ اس کا چہرہ، گردن اور پیٹ (Belly) سفید رنگ کے ہوتے ہیں۔ اس کے سر کے اوپر Crest (شکھا) پائی جاتی ہے شکھا کے بالوں کی ترتیب پرندے کی فطرت کی غمازی کرتے ہیں اور پرندے کے موڈ کا اظہار کرتی ہے۔ اگر پرندہ پُرسکون موڈ میں ہے تو اس کے بال چپٹے اور سر پر تقریباً

سوئے ہوئے ہوتے ہیں اور ایسے اوقات میں پرندے کافی اطمینان سے زندگی گزارتے ہیں۔ جب پرندہ غصے کی کیفیت میں ہوتا ہے تو اس کی شکھا کے بال سیدھے کھڑے ہو جاتے ہیں ویسے عام طور پر ایسے نیل کنٹھ جن کے بال سیدھے کھڑے ہو جائیں وہ تیز اور جارحانہ فطرت کا اظہار کرتے ہیں۔ اس فطرت کا اظہار آپ اس وقت دیکھ سکتے ہیں جب کوئی جاندار حتیٰ کہ انسان بھی ان کے گھونسلے کی طرف جاتا ہوا جاتا نظر آئے۔ اس وقت یہ چڑیا غصے میں آجاتی ہے اگر اس گھونسلے میں انڈے موجود ہوں۔ بالفرض محال اگر یہ پرندہ کسی شئے سے ڈر گیا ہو اور خوف وہراس کی کیفیت میں زندگی گزار رہا ہو تو اس کے Crest کے بال برش جیسے ہو جاتے ہیں اس کا مطلب ہے کہ ایسے پرندے ڈر اور خوف کے بیچ زندگی گزار رہے ہیں۔

"بلو جے" پرندے کے پروں (Wings) کے درمیان فاصلہ تقریباً ۱۷ انچ تک ہوتا ہے۔ ان پرندوں کی اُڑنے کی رفتار ۲۰ تا ۲۵ کلو میٹر فی گھنٹہ ہوتی ہے۔ یہ دن کے وقت غذا تلاش کرتے ہیں۔ یہ کافی ذہین پرندہ ہے جو تلاش غذا کے وقت اپنی ذہانت کا اظہار کرتا ہے یہ کھیتوں میں بوئے گئے بیجوں کو کھانے کے لئے کسان کے کھیت سے نکل جانے کا انتظار کرتا ہے تاکہ کسان اس کو مار نہ بیٹھے۔ یہ اخروٹ اور دوسری پھلیوں کو شوق سے کھاتے ہیں ویسے وہ ہر قسم کی غذا استعمال کرتا ہے اور صرف دن کے وقت غذا کی تلاش میں نکلتے ہیں یہ دن بھر میں کافی زیادہ غذا استعمال کرتے ہیں اسی لئے اگر وہ درکار غذا جمع نہ کر پائیں تو دوسرے پرندوں کی غذا چرا کر کھا جاتے ہیں،ویسے یہ عام طور پر کیڑے مکوڑں اور نباتات پر زندگی گزارتا ہے لیکن کبھی کبھی دوسرے جانداروں کے انڈے بھی چٹ کر جاتا ہے۔

اس کی آواز "جے۔۔جے۔۔جے" جیسی ہوتی ہے اسی لئے بظاہر نیلے نظر آنے

والے اس پرندے کو "بلوجے" کہا جاتا ہے۔یہ تیز آواز نکال کر اپنی مادہ کو اپنی جانب متوجہ کرتے ہیں۔ یہ بِلی، انسان اور Hawk کی آواز نکالنے پر قادر ہوتا ہے۔چونکہ عقاب اس کو آسانی سے شکار کرلیتا ہے اسی لئے اپنے علاقے میں چیل یا عقاب کی موجود گی پر وہ مخصوص آواز نکالتی ہے تاکہ نہ صرف دوسرے "بلوجے" ہوشیار ہوجائیں بلکہ دوسرے پرندے بھی متنبہ ہوجائیں۔

بلوجے کا گھونسلہ کھلا Cup کی شکل کا ہوتا ہے جو درخت کی ٹہنیوں سے بنایا جاتا ہے۔اس پرندے کا "نر" گھونسلہ بنانے کے لئے سامان یعنی چھوٹی چھوٹی ٹہنیاں وغیرہ جمع کرتا ہے اور اس کی "مادہ" گھونسلہ بناتی ہے،ان کا گھونسلہ عام طور پر دس فٹ سے تیس فٹ اونچائی پر بنایا جاتا ہے۔ایک سال کے ہوتے ہوتے ان میں بلوغیت کے آثار نمایاں ہوتے ہیں۔ان میں Mating عموماً درمیانی مارچ سے جولائی کے اواخر تک ہوتی ہے۔مادہ گھونسلے میں پانچ تا سات انڈے دیتی ہے عام طور پر ان انڈوں کا رنگ "ہرا" یا بھورا ہوتا۔ ان انڈوں سے ۱۵ تا ۱۸ دن کے انکیوبیشن کے بعد بچے باہر آتے ہیں۔ بچے چھوٹے چھوٹے بے بس اور ناتواں ہوتے ہیں ان پر "بال" نہیں پائے جاتے۔بچوں کے لئے "نر" پرندہ غذا جمع کرتا ہے۔اس پرندے کی عمر عام طور پر سات سال تا بیس (۲۰) سال ہوتی ہے۔

یہ پرندہ بھی دوسرے پرندوں کی طرح ہجرت کرتا ہے اور نامساعد حالات سے نمٹنے کے لئے قبل از ہجرت کافی غذا کی ذخیرہ اندوزی کرلیتا ہے ،یہ پرندہ غذا کی ذخیرہ اندوزی کے لئے اپنے گھونسلے سے دو تا تین میل دور کا مقام منتخب کرتا ہے اور اس مقام تک یہ غذا کی بڑی مقدار کو اپنی حلق میں لے جاکر ذخیرہ اندوزی کا کام انجام دیتا ہے۔چونکہ عام طور پر ان کی غذا کی Nuts وغیرہ ہوتی ہے اسی لئے وہ اس مقصد کے

لئے بیک وقت بڑی تعداد میں Nuts کو لے جا کر جمع کرتے ہیں۔ اور اس غذا کو چھپا دیتا ہے۔ یہاں ہم اس پرندے کی ایک دلچسپ بات کا مشاہدہ بھی کرسکتے ہیں کہ یہ پرندہ جہاں اپنی غذا چھپاتا ہے اکثر اوقات وہ جگہ بھول جاتا ہے اور واپسی پر اپنا بیشتر وقت اس غذا کی تلاش میں لگا دیتا ہے اور اسی دوراں نئی غذا کو تلاشتا رہتا ہے۔

ان پرندوں یعنی سبز قبائی ہندی (Blue Jay) میں ایک دلچسپ عادت بھی دیکھی جاسکتی ہے یہ پرندہ اپنی حلق میں غذا کے دانوں کو پہنچانے سے قبل ان دانوں یعنی Nuts وغیرہ کو اپنی چونچ سے اٹھاتا ہے اس کے وزن کا اندازہ کرتا ہے اور پھر چھوڑ دیتا ہے اس کے بعد دوسرا دانہ اٹھاتا ہے اور اس کے ساتھ بھی یہی برتاؤ کرتا ہے یعنی اس کی کوالٹی کی جانچ اور اس کے وزن کا اندازہ، پھر اپنے معیار پر اترنے والے دانوں کو ذخیرہ اندوزی، اس پرندے کی یہ ادا دیکھنے والے کو بہت بھلی لگتی ہے اور دیکھنے والا کچھ دیر کے لئے اپنے آپ کو اپنی کلفتوں اور اپنے غموں کو بھول جاتا ہے اس منظر میں کھو جاتا ہے جو کچھ دیر کے لئے سہی اس کے وجود کو ہلکا بنا کر اس دنیا میں لے جاتے ہیں جو اس کے خوابوں کی دنیا ہے، پرندے کی اس ادا کی سرمستی انسان کے وجود پر سکون بن کر چھا جاتی ہے اور دیکھنے والا قدرت کی نیرنگی پر خود ہی مسکرانے لگتا ہے۔

ہر شئے کو تیری جلوہ گری سے ثبات ہے
تیرا یہ سوز و ساز سراپا حیات ہے (اقبال)

***

بلبل BulBul: آواز کا ایک حسین بہتا دریا
اقبال کی شاعری کا ایک علامتی پرندہ

میں یہ نہیں جانتا کہ بلبل خوبصورت پرندہ ہے یا نہیں لیکن یہ ضرور کہہ سکتا ہوں کہ اِس کی آواز بلبل کے سارے وجود کو خوبصورت بنا دیتی ہے۔ یہ حقیقت ہے کہ کسی بھی فرد کی خوبصورتی کا معیار اس کی کسی ایک ہی خصوصیت سے لگایا جاتا ہے۔ ویسے بلبل صرف خوبصورت آواز رکھنے والا پرندہ ہی نہیں ہے بلکہ یہ ظاہری اعتبار سے بھی بہت خوبصورت پرندہ ہے لیکن اس کی آواز۔۔ کیا کہا جائے کہ اس میں حسن کا ایک دریا رواں ہے اور اس کی آواز کا دریا جدھر سے گزرتا ہے اس علاقے کی پوری کیفیت کو بدل کر ماحول میں رنگینی پیدا کر دیتا ہے۔

میں سمجھتا ہوں کہ جس طرح اُڑتے ہوئے پرندے انسان کے لئے صرف آنکھوں کے سکون کا ذریعہ ہیں اسی طرح گاتے ہوئے پرندے بھی انسان کی سماعتوں کی قرار کا اہم سبب ہیں۔ اسی لئے جب کبھی بلبل کی خوبصورت آواز کانوں سے ٹکراتی ہے تو دل چاہتا ہے کہ آواز کی لہروں کے ان راستوں کو رنگینیوں سے بھر دوں تاکہ نہ صرف میں بلکہ یہ دنیا آواز کے سحر کا صحیح لطف اٹھا کر زندگی میں سکون پیدا کر سکے۔ یہ ایک عام حقیقت ہے کہ نہ صرف بلبل بلکہ کسی بھی پرندے کو اگر دیکھنا چاہتے ہو اس کی حرکات و سکنات سے لطف اندوز ہونا چاہتے ہو اس کے گانے میں کھو کر ذات کا عرفان حاصل کرنا

چاہتے ہو تو خاموشی اختیار کرو کہ یہی خاموشی ہمیں زندگی کے معنی سکھلا دے گی اور ہماری زندگی بامعنی ہونے لگے گی۔

بلبل درمیانہ سائز کی چڑیا ہے جو گھریلو چڑیا (Passer domesticus) کے خاندان Passeriformes کے قبیلے Pycnonotidae سے تعلق رکھتی ہے۔ اس پرندے کا رنگ گہرا یا ہلکا زیتونی ہوتا ہے، اس کی بعض انواع کالا رنگ بھی رکھتی ہیں ان پر کالے رنگ کا تاج جیسا Crest پایا جاتا ہے۔ اس کا بطنی حصہ ہلکا ہوتا ہے، بلبل کی بعض انواع زرد رنگ بھی رکھتی ہیں جن کا سر کالے رنگ کا ہوتا ہے۔ اس پرندے کا پنکھ چھوٹے ہوتے ہیں، اس کی گردن بھی چھوٹی ہوتی ہے۔ یہ ہندوستان کے علاوہ نیپال، ملائشیا، تھائی لینڈ، انڈونیشیا، بھوٹان، سری لنکا وغیرہ میں کثرت سے پائی جاتی ہے۔۔ جیسے کہ بتایا گیا ہے یہ چڑیا اپنی مترنم آواز کی بنا پر کافی شہرت رکھتی ہے۔ اردو فارسی شاعری میں اس کی آواز اپنی ایک منفرد شناخت رکھتی ہے۔ اس پرندے کو عربی، ہندی، پنجابی میں "بلبل" اور فارسی میں "خرمابلبلاں" یا صرف بلبل بھی کہا جاتا ہے۔ ویسے انواع کے اعتبار سے ان کا نام بھی بدلتا رہتا ہے جیسے جارحانہ فطرت رکھنے والی Red Vented Bulbul کا نام فارسی میں "خرمابلبل زیر دم سرخ" ہے Red whiskered bulbul کو تیلگو میں pigli pitta Turaha کہا جاتا ہے۔

فارسی زبان میں اس چڑیا پر کافی نظمیں لکھی گئیں ہیں بالخصوص دیوان حافظ میں اس پرندے سے متعلق کئی اشارات ملتے ہیں اسی لئے بعض احباب نے اس کا نام " دولیاز حافظی " رکھ دیا۔ ان کے دیوان کا سرورق بھی اسی گل و بلبل کے نقوش سے مزین ہے۔ ایک زمانہ تھا جب اردو فارسی شعرا "رگ گُل سے بلبل کے پر باندھتے تھے" لیکن آج شاعری کا مزاج بدل گیا ہے اور یہ تمام تشبیہات داستان پارینہ بن کر رہ گئی ہیں۔

اردو شاعری میں خصوصاً اقبالؔ نے اس پرندے کو ایک علامت کے طور پر بڑی خوبصورتی سے استعمال کیا ہے۔ جیسے

ہزاروں سال نرگس اپنی بے نوری پہ روتی
ہے بڑی مشکل سے ہوتا ہے چمن میں دیدہ ور پیدا
نوا پیرا ہو، اے بلبل کے ہو تیرے ترنم سے
کبوتر کے تنِ نازک میں شاہیں سا جگر پیدا

ایک جگہ وہ یوں لکھتے ہیں کہ

ع جس کے دم سے دہلی و لاہور ہم پہلو ہوئے
آہ! اے اقبالؔ وہ بلبل بھی اب خاموش ہے

علامہ اقبال نے بلبل پرندے کا ذکر اپنی شاعری میں کئی جگہ کیا ہے، اس مضمون میں ان سب کا احاطہ ممکن نہیں لیکن اقبالؔ کی بچوں کے لئے لکھی گئی نظم کے دو ایک متفرق اشعار لکھ دیتا ہوں۔۔ جس میں انہوں نے بلبل کو یاسیت کا پیکر لیکن نالہ بلبل کو پُر تاثیر ظاہر کیا ہے۔

ٹہنی کے کسی شجر کی تنہا
بلبل تھا کوئی اداس بیٹھا
سن کے بلبل کی آہ وزاری
جگنو کوئی پاس ہی سے بولا

ایک اور جگہ وہ لکھتے ہیں

نالہ ہے بلبل شوریدہ تیرا خام ابھی
اپنے سینے میں اسے اور ذرا تھام ابھی

اور۔۔ نظم شکوہ میں اقبالؔ یوں رقم طراز ہیں کہ

نالے بلبلُ کے سنوں اور ہمہ تن گوش رہوں
ہمنوا میں بھی کوئی گُل ہوں کہ خاموش رہوں

میں اقبال کا اس خصوص میں ایک معرکتہ لآرا شعر لکھ کر آگے بڑھتا ہوں:

پروانے کو چراغ ہے بلبل کو پھول بس
صدیقؓ کے لئے ہے خدا کا رسولؐ بس

بلبل کی کئی انواع ہوتی ہے۔ کہا جاتا ہے دنیا میں اس پرندے کی زائد از ۱۱۹ انواع پائی جاتی ہیں اور بعض سائنس دانوں کے مطابق اس کی ۱۴۰ انواع پائی جاتی ہیں۔ ہندوستان میں عام طور پر پائی جانے والی بلبل Lanius boulboul کہلاتی ہے اس کے علاوہ ہندوستان میں Pycnonotus jocosus بھی بکثرت پائی جاتی ہے، یہاں دلچسپی کی خاطر ایک بات کی وضاحت کرنا چاہوں گا کہ بلبل کو عام طور پر انگریزی میں Nightingale کہا جاتا ہے جو غلط ہے Nightingale کو اردو فارسی میں "عندلیب" کہا جاتا ہے جس کا حیوانی نام Luscinia megarhynchos ہے، لیکن اس بات میں سچائی ہے کہ عندلیب، بلبل ہی کی علاحدہ نوع ہے۔ عندلیب بھی اپنی آواز کی موسیقیت اور لحن کے اعتبار سے اہمیت اور شہرت رکھتی ہے۔ لیکن اس کی آواز میں ہلکی سی یاسیت ہوتی ہے اسی لئے اردو شعراء نے اس چڑیا یعنی عندلیب کو اپنے اشعار میں اس طرح باندھا ہے۔

آ عندلیب مل کے کریں آہ وزاریاں
تو ہائے گل پکار میں چلاؤں ہائے دل

لیکن فارسی زبان میں بلبل، ہزار داستاں اور عندلیب کو ایک ہی معنی میں لیا جاتا

ہے۔اس کو ہزار داستان کہنے کے پیچھے راز اس کی آواز ہے جس کے متعلق کہا جاتا ہے کہ وہ ایک ہزار علاحدہ سُر رکھتی ہے۔

موسیقیت سے دلچسپی رکھنے والے جانتے ہیں کہ ہندوستانی سازندوں کا ایک مشہور آلہ ساز "بلبل ترنگ" ہے جس جو بلبل کی آواز کی لہروں سے اخذ کر کے بنایا گیا ہے۔ سائنسدانوں کا خیال ہے کہ دنیا بھر میں luscinia Lanius ایک ایسی بلبل ہے جس کی آواز سب سے زیادہ سریلی ہوتی ہے اور اسٹیریو ٹائپ (Stereotype) ہوتی ہے۔پرندے جب مستی کے عالم میں گانے لگتے ہیں تو ایسا محسوس ہوتا ہے کہ سارا ماحول اس کے ساتھ گنگنا رہا ہے اور سارے عالم پر مستی چھانے لگی ہے۔بلبل کی آواز میں بھی قدرت نے یہی کیفیت دی ہے۔اس کا گانا دو قسم کا ہوتا ہے ایک سادہ اور مسلسل آواز کی لہریں پہنچاتا ہو اور دوسرا پیچیدہ اور دو اقسام کی "رِدھم" سے آراستہ۔دوسرے لفظوں میں بلبل کی آواز اسٹیریو ٹائپ (Stereotype) ہوتی ہے یعنی بہت حد تک خانوں میں بٹی ہوئی ہوتی ہے جس کی الفاظ میں تشریح نسبتاً مشکل ہے۔سہولت کی خاطر اس کو "میکانکی تکرار" کہا جاسکتا ہے۔

جس طرح "طیور فردوس" یعنی جنت کے پرندے (Birds of Paradise) اپنی خوبصورتی میں طاق ہیں اور وہ جس طرح قدرت کا ایک حسین شہکار بن کر کئی مفروضات کے کچے گھروندے توڑ کر خدا کو خالق بتاتے ہیں اُسی طرح بلبل یا اس جیسے کئی پرندے اپنی سحر انگیز آواز سے خدا کی خلاقی کا خوبصورت مظہر بن کر سوچنے والے انسانوں کو مزید سوچنے کا موقعہ فراہم کرتے ہیں تاکہ مخلوق خدا کی ذات پر ایمان لے آئے۔ویسے اس پرندے کی مختلف انواع کے درمیان ایک متضاد کیفیت بھی ملاحظہ کیجئے کہ ہر بلبل سریلا نہیں ہوتا، کہا جاتا ہے کہ Brown Eared Bulbul پرندوں کی دنیا کا

ایک ایسا پرندہ ہے جس کی آواز جس میں مٹھاس یا سریلا پن قطعی نہیں پایا جاتا بلکہ عجیب کراہیت پائی جاتی ہے۔ یہ بھی قدرت کا عجیب معاملہ ہے کہ اس پرندوں کی کچھ انواع کو ترنم کی دنیا کا لافانی مغنّی بنادیا اور اس کی دوسری انوع کو ایسی کریہہ آواز دی جو سننے کے قابل نہیں یہ خدا کی عجیب مصلحت ہے وہ جس کو چاہتا ہے تو عزت دیتا ہے اور نہ چاہے تو جاندار کسی ایک صفت میں وقار سے محروم کر دیتا ہے۔

بلبل (Bulbul) ایک عام پرندہ ہے جس کی شناخت اس کے جسم پر پائے جانے والے لال رنگ سے کی جاسکتی ہے۔ عام طور پر یہ جنگلاتی علاقوں میں پائی جاتی ہے لیکن ان کی بیشتر انواع ایسے علاقوں میں بھی دیکھی جاتی ہیں جہاں انسانوں کی بستیاں ہیں۔ سر پر Crest رکھنے والے اس پرندے کی دُم لمبی ہوتی ہے۔ اس چڑیا کو بہ آسانی سدھایا جاسکتا ہے اسی لئے انسان اکثر ممالک میں اس چڑیا کو پنجرے میں قید کرکے اس کی دلنشین آواز سے لطف اندوز ہوا جاتا ہے۔

پنجرے سے نکل جائے تو پھر یہ چڑیا گھر بناتی ہے جس کا اپنا گھونسلہ نہایت بے ترتیبی میں ترتیب کی بہترین مثال ہوتا ہے۔ یہ اپنے گھونسلے کو نہایت خوبصورتی اور مہارت سے بناتی ہے۔ پیالی (Cup) کی شکل کا یہ گھونسلہ گھاس پھوس سے بنایا جاتا ہے اور تقریباً ۲۰ سنٹی میٹر قطر رکھتا ہے لیکن دیکھنے میں دیدہ زیب ہوتا ہے، ہر چڑیا کا گھونسلہ علاحدہ شکل اور ساخت رکھتا ہے لیکن ہر گھونسلہ اپنے وجود میں جنت کا وہ حصہ ہے جسے کسی نامعلوم چڑیا نے بنایا ہے۔ بلبل ایسے علاقے میں گھونسلہ بنانا پسند نہیں کرتی جہاں درخت بکثرت پائے جاتے ہیں بلکہ یہ اُن علاقوں میں درختوں کی گھنی شاخوں پر گزارا کرلیتی ہے۔

بلبل کی "مادہ" اور "نر" کو ان کے رنگ کی بنیاد پر پہچاننا مشکل ہے۔ بلبل زوج احدی یعنی Monogamous پرندہ ہے جو اپنی زندگی ایک ہی مادہ کے ساتھ بسر کرتا ہے۔

بہت کم بلبل کثیر زوجی دیکھے گئے ہیں۔جون تا سپٹمبر کے مہینوں میں مادہ پرندہ اپنے گھونسلے میں تین یا چار انڈے دیتی ہے جو ہلکے گلابی رنگ کے ہوتے ہیں اور ان پر لال رنگ کے دھبے پائے جاتے ہیں،ان انڈوں کی حفاظت دونوں مل کر کرتے ہیں،مادہ بلبل انڈے سیتی ہے جس کی مدت عام طور پر دس تا چودہ دن ہوتی ہے اس اثنامیں نر بلبل مادہ کو کھلاتا پلاتا ہے اور اس کے ناز نخرے برداشت کرتا ہے یہ اللہ کا عجیب انتظام ہے جو ہر ذی جان میں الگ الگ نوعیت سے موجود ہوتا ہے۔جب انڈوں سے بچے نکل آنے کے بعد دونوں مل کر ان کی پرورش کرتے ہیں انہیں کھلاتے ہیں پلاتے ہیں اور انہیں زندگی گزارنے کے گُر بتاتے ہیں عام طور پر یہ بچے دو ہفتوں میں اپنی غذا خود حاصل کرنے کے قابل ہو جاتے ہیں اور آزادانہ اُڑان بھرنے لگتے ہیں۔

یہ پرندہ عام طور پر پھل پھلاری اور بیریز(Berries) پر گزارا کرتی ہے،یہ کیڑوں (Worms) کو بھی اپنی غذا بناتی ہے بلکہ اپنے بچوں کو زیادہ تر کیڑے مکوڑے ہی فراہم کرتے ہی جیسے کارٹر پلرس،Maggots،ٹڈے وغیرہ۔لیکن عام طور پر نرم پھلوں جیسے سیب کے گودے وغیرہ کو زیادہ پسند کرتی ہے۔یہ چڑیا بیجوں کے انتشار کا کام بھی کرتی ہے تا کہ قدرت میں قدرتی طور پر بیج پھیل جائیں اور پودوں کی نسلیں آگے بڑھنے لگیں۔اس چڑیا کی لمبائی چھ انچ سے لے کر ایک فٹ تک ہوتی ہے۔

نہ صرف بلبل بلکہ تقریباً سبھی پرندے دنیا کی ہر زبان کی شاعری کا خوبصورت اور حسین تصور ہوتے ہیں جن کا تذکرہ لکھنے اور پڑھنے والے کے دلوں میں مسرت کے نئے باب کو کھولتا ہے اور ان میں خوشیوں کا پیارا پیارا احساس پیدا کرتا ہے۔اردو شعراء نے گل و بلبل کے مضامین کو بڑے خوبصورت انداز میں بیان کیا ہے جیسے:

یہ آرزو تھی تجھے گُل کے روبرو کرتے

ہم اور بلبل بے تاب گفتگو کرتے

میر تقی میرؔ نے کہا تھا کہ:

جس چمن زار کا ہے تو گلِ تر

بلبل اس گلستاں کے ہم بھی ہیں

اور غالبؔ کہتے ہیں:

کہتا ہے کون نالہء بلبل کو بے اثر

پردے میں گل کے لاکھ جگر چاک ہو گئے

اگر ہم فارسی شاعری کا طائرانہ جائزہ لیں تو پتہ چلے گا کہ اس میں شعرائے اکرام نے "گُل و بلبل" کو بڑی اہمیت دی اور ان پر ایسے ایسے مضامین ایجاد کئے کہ عقل دنگ رہ جاتی ہے۔ اردو فارسی شاعری میں یہ پرندے بالخصوص بلبل محبت کی علامت ہے جو موسم کے لحاظ سے اپنی معنویت بدلتے جاتے ہیں۔ شاید یہی وجہ ہو گی کہ فارسی شاعری میں کہ نہ صرف بلبل بلکہ بلبل کے انڈوں کا بھی جوشیلے انداز میں ذکر کیا جاتا ہے کیونکہ محبت کی راہوں کے یہ ابتدائی رہرو ہیں اور ان کی تکریم اس لئے ضروری ہے کہ آگے چل کر یہی تو بلبل بننے والے ہیں۔

***

کوئل KOEL: ایک آواز جو دلوں میں امنگ بھر دیتی ہے

وہ پرندہ جس کے بچوں کو کوّا (Crow) پالتا ہے

دنیا میں کچھ ایسے پرندے بھی پائے جاتے ہیں جن کی آواز اور نغمگی سننے والے کو مسحور کر دیتی ہے اور انسان نغموں کی دنیا کی لطافتوں اور نیرنگیوں میں کھو جاتا ہے۔ ان پرندوں کی یہ دلکش اور شیریں آوازیں جب انسان کی سماعتوں سے ٹکراتی ہیں تو نہ صرف اس کے ذہن و دل کو شادابی عطا کرتی ہیں بلکہ اس کی روح کو بھی بالیدہ بنادیتی ہے۔ ایسی ہی خوبصورت آواز رکھنے والے ایک پرندے کا نام ہے "کوئل "Koel۔ یہ ہندوستان کا کافی معروف پرندہ ہے۔ اس پرندے کا مشہور نغمہ "کوؤ۔۔ کوؤ۔۔ کوؤ۔۔" پر مشتمل ہوتا ہے اور کہا جاتا ہے کہ اسی آواز کی وجہ سے اس کا نام "کوئل "ہوا،

یہ دراصل سنسکرت کا لفظ ہے جس کو اس کی آواز سے اخذ کیا گیا اور "کوکیلا" نام دیا گیا۔ کوئل کا سائنسی نام Eudynamys scolopaceus ہے اس کو ایشین کوئل بھی کہا جاتا ہے۔ اس کو تیلگو میں بھی "کوکیلا" ہی کہا جاتا ہے۔ کوئل Cucoliformes سے تعلق رکھنے والا پرندہ ہے اس کا خاندان Cuculidae ہے اس میں کوئل کے علاوہ کوکو، Roadrunners وغیرہ شامل ہیں۔ اس پرندے کا تذکرہ ہندوستانی شاعری میں زیادہ ہوتا ہے۔ اردو شاعری میں کوئل کی آواز یعنی کوئل کی "کوک "کا ذکر زیادہ ہوتا ہے، یونانی تہذیب میں Hera دیوی کے لئے یہ پرندہ اہمیت کا حامل ہے۔ یونانی مذہبی

کتابوں میں اس کا ذکر موجود ہے ہندوستانی تہذیب میں بھی یہ پرندہ "کام دیوا" کے لئے مقدس رہا ہے۔ ویدوں (Vedas) میں اس کا تذکرہ موجود ہے۔

جب خوش الحان پرندوں اور ان کی آوازوں کی گفتگو چلی ہے تو یہاں یہ بتاتا ہوا آگے بڑھوں کہ سائنسدانوں نے اپنی تحقیق کے مطابق دنیا کے مختلف پرندوں کی آواز، نغمگی اور لحن کا جائزہ لینے کے بعد دس ایسے پرندوں کی فہرست مرتب کی ہے جن کی آواز انسانی دل میں مٹھاس بھر دیتی ہے۔

محققین نے دنیا کی سب سے زیادہ نغمگی رکھنے والی چڑیا کی حیثیت سے بلبل کو اول درجہ دیا ہے اگر دل لگا کر کوئی اس کو سننے لگے تو یہ آواز نجانے انسان کو کہاں کہاں کی سیر کروادیتی ہے۔ دوسرے نمبر پر ان سائنسدانوں نے ہندوستانی چڑیا، پانڈیچری کی ریاستی چڑیا کوئل کو رکھا ہے، اس کی آواز کی نغمگی اور خوش الحانی سننے سے تعلق رکھتی ہے اور آج کا میرا مضمون اسی چڑیا کی دورِ حیات اور اس کی آواز کی نزاکت پر مبنی ہے۔ تیسرے نمبر پر نر یعنی Male "کناری" Canary چڑیا ہے جو تنہائی میں چہچہاتی ہے تو ماحول میں اس کی آواز اُداس دلوں کو چہکا دیتی ہے اور اس کی مادہ بے چین ہو کر سیدھے آکر نر سے بغلگیر ہو جاتی ہے۔ یہ قدرت ہے جس نے ان میں یہ عجیب خصوصیت رکھی ہے یہ چڑیا اس وقت اپنا چہچہانا بھول جاتی ہے جب اس کے پہلو میں مادہ ہوتی ہے اور لاکھ کوششوں کے باوجود یہ گانا تو کجا سامعین کو اپنی آواز تک سنانا پسند نہیں کرتی۔

ویسے یہ ایک حقیقت ہے کہ ہر جاندار اور ہر پرندے کی نغمگی اپنے مخالف جنس کو بلانے کے لئے ہی استعمال ہوتی ہے، خوبصورت سیٹی جیسی آواز نکالنے والے پرندے Whistling Cockatiel کو ان محققین نے چوتھا نمبر دیا ہے Whistling Cockatiel پرندے کی ایک خصوصیت یہ بھی ہے کہ وہ بیک وقت کئی قسم کی آواز

نکال سکتا ہے، علاوہ اس کے اور ماحول میں سنائی دینے والے گانوں اور گونجنے والی مختلف آوازوں کو اپنے اندر جذب کرتا ہے اور ان تمام آوازوں کو ایک مخصوص آہنگ میں لحن کے ساتھ پیش کرتا ہے۔ پانچویں نمبر پر ان محققین نے Malabar Whistling Thrush کو رکھا ہے جس کی آواز میں عجیب قسم کی جاذبیت پائی جاتی ہے۔ اس کی آواز کا اتار چڑھاؤ دل نشین نغمگی پیدا کرتا ہے۔ ہلکے سروں میں شروع ہونے والی آواز رفتہ رفتہ وجدان آمیز تیزی کی طرف بڑھنے لگتی ہے اور انسان کا دل اس آواز کی لے پر ہچکولے کھانے لگتا ہے جیسے کوئی کشتی ہے جو پانی کے تموج کے ساتھ ساتھ اٹھکیلیاں کرنے لگی ہے۔

Veery ایک خوبصورت پرندہ ہے جس کی آواز ایک جادوبیہ سحر انگیز آواز ہر لمحہ اپنی کیفیت بدلتی رہتی ہے۔ کبھی کبھی تو یہ خود اپنی آواز کی نقل کرنے لگتی ہے اس کی آواز میں ایک گول گھماؤ کی کیفیت پائی جاتی ہے جو اپنے اندر ابدی مٹھاس رکھتی اور جب آواز کی پاکیزگی بڑھنے لگتی ہے تو یہ کراماتی دائرے میں داخل ہو کر شیریں تقدس حاصل کر لیتی ہے۔

ساتویں نمبر پر ان سائنسدانوں نے Mockingbird کو رکھا ہے جو عام طور پر امریکہ میں پایا جانے والا پرندہ ہے۔ جب یہ پرندہ آواز کرتا ہے تو محسوس ہوتا ہے کہ اس کی آواز کا نغمہ ابھی ختم نہیں ہوا اور اس کے صوتی آلے نے دوسرے نغمے کا آغاز کر دیا۔ اسی لئے اس کی آواز کا پہلا حصہ اس کی آواز کے دوسرے حصے پر منطبق ہونے کی کوشش کر رہا ہو۔ اسی لئے اس کے نغمے میں ایک گونج کی کیفیت سنائی دیتی ہے۔ اس پرندے کی آواز سنیں تو ایسا محسوس ہوتا ہے جیسے کسی نغمے کو سیٹی کی شکل میں گول گھما کر چھوڑ دیا گیا ہے اور وہ آواز آہستہ آہستہ فضاؤں میں سفر کرتی ہوئی اپنی آواز کی ہیت بدلتی

جاتی ہے اور لحن کی خوبصورتی کے اعلیٰ درجے پر پہنچ جاتی ہے۔گلابی سینہ رکھنے والی چڑیا Rose-breasted Grosbeak کو ان افراد نے آٹھویں نمبر پر رکھا ہے پہلے اس پرندے کا "نر" اپنی مادہ کو بلانے کے لئے نغمے کا آغاز کرتا ہے جس کے بعد اس کے سُر میں مادہ بھی سُر ملانے لگتی ہے اور یہ نر، مادہ مل کر ایک سماں باندھ دیتے ہیں جو سننے والوں کی دلوں کی دھڑکنوں کو تیز کر دیتا ہے۔

نویں نمبر پر جنوبی امریکہ کا باتیں کرنے والا طوطا ہے جس کا نام Orange-winged Amazon ہے۔یہ پرندہ آواز کی کامیاب نقل اتارتا ہے، سیٹی بجاتا ہے مختلف گانے بھی گاتا ہے اور عجیب و غریب آوازیں بھی نکالتا ہے اور دسویں نمبر پر Common Loon ہے جو شمالی امریکہ میں کثرت سے پایا جاتا ہے اس کی آواز سننے پر ایسا محسوس ہوتا ہے جیسے دور وادیوں میں آواز گونج کر پلٹ رہی ہے۔بڑی دلکش آواز جب سماعتوں سے ٹکراتی ہے تو لگتا ہے پورے وجود میں مٹھاس دوڑ گئی۔ تحقیق اور تجزیئے میں عام طور پر اختلاف پایا جاتا ہے اسی لئے سائنسدانوں نے ایک دوسرے گروپ نے Song thrush (سمنۂ مطربہ) یعنی Turdus philomelos یوریشیا کی رہنے والی چڑیا کی آواز کو دنیا کی سب سے خوبصورت آواز قرار دیا ہے۔ لیکن ہر تحقیقی ادارے نے بلبل کو پہلا یا دوسرا نمبر ضرور دیا ہے اور اپنی فہرست میں لازماً کوئل (Koel) کو شامل کیا ہے۔

کوئل کالے رنگ کا معروف پرندہ ہے۔ "نر" کوئل (Male Koel) گہرے چمکدار نیلگوں کالے رنگ کا پرندہ ہے جس کی چونچ زردی مائل سبز ہوتی ہے اور آنکھیں سرخ ہوتی ہیں جو تقریباً کوّے کے سائز کا ہوتا ہے لیکن کوّے کے مقابلے اسکا جسم پتلا ہوتا ہے اور اس کی دُم لمبی ہوتی ہے، مادہ کوئل کا رنگ بھی کالا ہوتا ہے لیکن اس پر ہلکے سفید رنگ کے دھبے یا لکیریں پائی جاتی ہیں۔اس پرندے کی لمبائی ۱۲ تا ۱۸ انچ ہوتی ہے، اس کا

وزن دوسو سے تین سو گرام کے درمیان ہوتا ہے۔ کوئل کی غذا نرم پھل جیسے انجیر، گلّر، کیلے وغیرہ ہوتی ہے۔ اس کے علاوہ یہ پرندہ، کیڑے مکوڑے (Worms)، کارٹر پلّراور کبھی کبھی دوسرے پرندوں کے انڈے اور بیریز وغیرہ بھی استعمال کرتا ہے

یہ پرندہ ہمیشہ درختوں پر زندگی گزارتا ہے عام طور پر پرندے کو زمین پر اترتے ہوئے نہیں دیکھا جاسکتا۔ نر کوئل موسم بہار میں صبح کی اولین ساعتوں ہی سے اپنی آواز کا جادو جگانا شروع کردیتا اس کی آواز دراصل "مادہ" کو بلوانے کے لئے بھجوایا جانے والا پیغام ہے جس کا سلسلہ شام کے آخیر حصے تک چلتا رہتا ہے۔ مادہ کی آواز میں وہ شیرینی اور نزاکت نہیں پائی جاتی بلکہ مادہ کوئل کی آواز صرف "کِیک۔۔ کِیک۔۔ کِیک۔۔" تک محدود ہوتی ہے۔ جب کہ "نر" کوئل کی "کوک" میں مادہ کو رجھانے کی صلاحیت، ایک امنگ، ایک مٹھاس اور ایک حوصلہ پایا جاتا ہے۔ کوئل کا یہ نغمہ دراصل اس کی با معنی گفتگو کا انداز ہے۔

سائنسدانوں نے بعد از تحقیقات یہ ثابت کیا ہے کہ پرندوں میں ایک دوسرے سے گفتگو کرنے کا رجحان پایا جاتا ہے، پرندے با معنی گفتگو کرتے ہیں اور بخوبی اپنی بات مقابل تک پہنچاتے ہیں۔ صرف کوئل تک موقوف نہیں بلکہ بیشتر پرندے خوش گلو ہوتے ہیں۔ ان کی آواز سریلی اور دل کو لبھانے والی ہوتی ہے۔ ان کے دلکش راگ کو سن کر مادہ پرندے نر کی جانب متوجہ ہوتے ہیں۔ اس طرح پرندوں کا یہ گانا، یہ راگ و نغمہ چڑیا کو رجھانے اور انہیں قریب بلانے کے انداز ہیں تا کہ کورٹ شب انجام پاسکے، اسی لئے بعض سائنسداں اس کو نغمہ محبت قرار دیتے ہیں یعنی کوئل کی کوک ہو یا بلبل کا ترانہ ایک اشارہ ہےجس میں خوش الحان چڑیا نہ جانے کیا کیا عہد و پیمان بھر دیتی ہے کہ اس کی جانب مادہ کی توجہ مبذول ہو جائے اور نسل کے تسلسل کا ذریعہ چلتا رہے۔ موجودہ دور میں

پرندوں کی اس رَموزی زبان کو حل کرنے کی کوشش کی جارہی ہے اگر مستقبل قریب میں یہ ممکن ہو جائے تو پھر ہم مخصوص صوت پیما (Sonogram) کی مدد سے پرندوں کی خوش الحانی یعنی پراسرار گفتگو کو سمجھ سکیں گے۔ برگزیدہ نبیؑ حضرت سلیمانؑ پرندوں کی گفتگو سمجھتے تھے جو میرے نزدیک اس بات کا ثبوت ہے کہ پرندوں کی خوش الحانیاں بے معنی نہیں ہوتیں۔

علاوہ اس کے اگر ہم دوسرے انداز سے سوچیں تو پرندوں کی دلکش آواز ممکن ہو پرندوں کی اپنے خالق کے حضور عبادت کا ایک انداز ہو۔ یہ آوازیں ان کی تسبیح ہوں جس سے ہم واقف نہیں۔

حضرت داؤدؑ کو حق تعالیٰ نے ظاہری کمالات میں سے ایک کمال حسن صوت کا بھی عطا فرمایا تھا۔ جب وہ زبور پڑھتے تو پرندے ہوا میں ٹھہرنے لگتے اور ان کے ساتھ تسبیح کرنے لگتے۔ ہر مخلوق کی عبادت اور تسبیح کا طریقہ جداگانہ ہے جس سے وہ مخلوق بخوبی واقف ہے۔ خالق ہی نے تمام مخلوقات کو تسبیح کے طریقے سکھائے ہیں جس سے ہم انسان واقف نہیں، پرندوں کا تسبیح میں شریک ہو جانا بہ تسخیر خداوندی بطور معجزہ ہے اور معجزہ وہی ہے جو عقل کو عاجز کردے۔ اس لئے یہ ضروری نہیں کہ معجزہ کا جس شے پر راست اثر پڑرہا ہے وہ اپنے اندر کوئی قدرت رکھتی ہے یا نہیں بلکہ یہاں اہم معجزہ کو صادر کرنے والی قوت ہے جو بے جان میں بھی زندگی پیدا کردیتی ہے، یہی قوت مالک وخالق کائنات ہے اسی خالق نے کل کائنات میں اپنی عادات کو جاری فرمادیا ہے اور ان ہی عادات خداوندی کو انسان معمولات دنیا کا نام دیتا ہے حالانکہ ہر معمول خدا کی قدرت کا مظہر ہے۔

اسی لئے اللہ فرماتا ہے کہ " وہ پرندے جو پر پھیلائے اڑرہے ہر ایک اپنی نماز اور

تسبیح کا طریقہ جانتے ہیں اور یہ سب جو کچھ کر رہے ہیں اللہ اس سے باخبر ہے" (النور)۔
"انسانو۔ تم ان کی تسبیح نہیں سمجھتے۔" (الاسراء)۔

دنیا میں انسانوں کی آبادیاں زائد از چالیس پچاس ہزار برس سے موجود ہیں اور کوّے کی خصوصیت یہ ہے کہ وہ ہمیشہ انسانی آبادیوں کے قریب آکر بس جاتا ہے اور جب کوّے کہیں آکر آباد ہو جاتے ہیں تو وہاں کوئل از خود پہنچ جاتی ہے اور خدا نے کوئل میں ایک عجیب صفت رکھی ہے کہ یہ پرندہ اپنا گھونسلہ نہیں بناتا۔ بلکہ یہ مختلف مقاصد کے لئے مختلف پرندوں کے گھونسلے استعمال کرتا ہے جیسے جب یہ پرندہ انڈے دینے کے در پر پہنچ جاتا ہے تو عام طور پر دوسرے پرندوں بالخصوص "کوّے" کا گھونسلہ استعمال کرتا ہے اس عمل کو Brood Parasitism کہا جاتا ہے۔

یعنی کوئل اپنے انڈے کوّے کے گھونسلے میں دیتی ہے جو ایک قدرتی طریقہ کار ہے، عام طور پر کوئل ایک گھونسلے میں ایک یا ایک سے زائد انڈا دیتی ہے، تقریباً ۱۲ تا ۲۰ انڈوں تک یہ سلسلہ اسی طرح جاری رہتا ہے، کوئل یہ انڈے اُس وقت دیتی ہے جبکہ کوّا اپنے گھونسلے میں نہیں ہوتا۔ کوئل کے انڈوں کو کوّا سیتا ہے یعنی کوئل کے انڈے کوّے کے انڈوں کے ساتھ حاضلہ پاتے ہیں یعنی Incubate ہوتے ہیں۔ کوئل اپریل سے اگسٹ کے درمیان میں انڈے دیتی ہے، کوئل کے انڈے کسی قدر چھوٹے ہوتے ہیں لیکن کوّا یہ فرق محسوس نہیں کر سکتا اور یہاں خدا کی نشانی اور اس کی مصلحت ملاحظہ فرمائیے کہ کوّے کا بریڈنگ کا زمانہ بھی اپریل سے اگسٹ ہی ہوتا ہے۔

اس طرح کوئل اپنا گھونسلہ نہ ہونے کے باوجود بھی ان مراحل سے بآسانی گزر جاتی ہے اور یہ کوئی نہیں جانتا کہ۔ کیا۔ کوّا اپنے اور کوئل کے انڈوں میں تمیز نہیں کر سکتا، اگر اس میں صلاحیت ہو بھی تو اس معاملے میں وہ خدا کے ودیعت کردہ احکامات کا پابند ہے اور

یہی جبلت ہے جو اس پرندے کے خون میں قدرت کا قانون بن کر دوڑ رہی ہے۔

یہاں ایک بات مجھے اچھنبے میں ڈال دیتی ہے کہ قدرت کوّے کے گھونسلے میں پہلے کوئل کے انڈوں سے بچے نکالتی ہے، پہلے کوئل کے انڈےHatch ہوتے ہیں یعنی کوئل کے بچے انڈے توڑ کر باہر آتے ہیں اور جب کوئل کے بچے اُڑنے کے قابل ہو جاتے ہیں تو کوّے کے انڈےHatch ہونا شروع ہوتے ہیں میری نظر میں یہ انتظام اتفاق نہیں ہو سکتا بلکہ کوئی قوت ہے جو اس نظام کو چلا رہی ہے اور شاید اسی کو قدرت کہا جاتا ہے۔

قدرت نے کوئل کے پیدا ہونے والے بچوں خواہ وہ "نر" ہو یا "مادہ" مکمل کالے رنگ میں ملفوف کر دیا ہے جس کی وجہ سے کوّا اپنے اور کوئل کے بچوں کو پہچان نہیں سکتا۔ میں اس دلیل سے مطمئن نہیں کیوں کہ کسی بھی جاندار کی ماں اپنے بچوں کو پہچان لیتی ہے خواہ اس کے اور دوسرے پرندوں کے بچوں میں کیسی ہی مشابہت یا یکسانیت کیوں نہ پائی جائے۔ علاوہ اس کے کوئل کے انڈے مختلف ہوتے ہیں، اس کے بچے اور ان بچوں کی آواز بالکل علاحدہ ہوتی ہے اسی لئے مجھے اس دلیل کو ماننے میں تردُّد ہے۔ بالفرض محال اگر یہ تسلیم کر لیا جائے کہ کوّا رنگوں کے مابین دھوکہ کھا جاتا ہے تو میں کچھ دیر کے لئے یہ مان لیتا ہوں لیکن یہاں مجھے یہ بات سمجھ میں نہیں آئی کہ کوئل کوّے کے گھونسلے کو کیسے پہچان لیتی ہے۔ اور دوسری شاخ پر بیٹھی یہ انتظار کیسے کر لیتی ہے کہ کوا کب اپنے گھونسے سے باہر آئے گا اور وہ کب اس کے گھونسلے میں انڈے دے گی۔

میری نظر میں یہ خدائی اشارے ہیں جو نہ صرف کوئل بلکہ ہر جاندار کو لمحہ بہ لمحہ خیال بن کر پہنچتے رہتے ہیں اور یہی خیال ان کی زندگی میں فیصلہ بن کر صادر ہوتا رہتا ہے۔ یہ آج بھی محققین کے لئے یہ سوالیہ نشان ہے کہ کوئل کے بچوں کو کوّے اپنے بچوں جیسی محبت سے غذا۔۔ کیوں۔۔ کھلاتے ہیں۔ یوکلپٹس کی ڈالیاں جہاں کوّے اپنا

گھونسلہ بناتے ہیں ان مناظر سے بھرے پڑے ہیں۔ یہ صرف کوّے پر موقوف نہیں بلکہ تقریباً تمام پرندوں کا اپنے بچوں تک غذا کو پہچانا اور انہیں کھلانا ایک محنت طلب کام ہے ایک اندازے کے مطابق اس مقصد کے لئے ایک پرندہ کم از کم ایک ہزار بار اپنے گھونسلے سے اُڑ کر غذا کے ٹھکانے تک پہنچتا ہے۔ کوئل کے بچوں کی پرورش کے لئے کوّا اس قدر محنت کر لیتا ہے اس عمل کو دیکھ کر حیرانی ہوتی ہے کیونکہ کوّا چالاک پرندے کی حیثیت سے مشہور ہے اور اس کی چالاکی یہ ہے کہ وہ اپنے اور کوئل کے انڈوں میں تمیز نہیں کر سکتا۔

کبھی کبھی یہ بھی دیکھا گیا ہے کہ مادہ کوئل میزبان کے گھونسلے میں پہنچ کر اپنے بچوں کو غذا کھلاتی ہے اور پھر درختوں کی ٹہنیوں پر لوٹ جاتی ہے، لیکن پرورش کی زیادہ ذمہ داری میزبان ہی اٹھاتے ہیں اور کوّا یہ ذمہ داری بہتر انداز میں نبھاتا ہے۔ کبھی کبھی گھونسلے میں یہ بھی دیکھا گیا ہے کہ میزبان اور طفیلی کے بچوں میں غذا حاصل کرنے کا مقابلہ شروع ہوتا ہے۔ بعض افراد کا مشاہدہ ہے کہ جب نر اور مادہ کوئل کوّے کے گھونسلے میں اپنے انڈے دیکھنے کے لئے آتے ہیں تو وہاں موجود کوّے کے انڈوں کو گھونسلے سے باہر کر دیتے ہیں لیکن یہ عمل ہمیشہ دیکھنے میں نہیں آتا بلکہ کوئل کے بچے جو فطرتاً جارحانہ طبیعت رکھتے ہیں پورے گھونسلے کو دشمنوں سے بچاتے ہیں۔

سائنسدانوں کے مطابق کوئل کے بچے گھونسلے کا دفاع کرتے ہوئے ایک بدبو دار سیال کا اخراج عمل میں لاتے ہیں جو ترشے، فینال، انڈول اور سلفر کے مرکبات پر مشتمل ہوتا ہے یہی کوئل کے بچوں کا بہترین دفاعی ہتیار ہے۔ Canestrari ایک مشہور محقق ہے جس نے ثابت کیا کہ یہ سیال اکثر حملہ آوروں جیسے Cat وغیرہ کو گھونسلے سے دور رکھتا ہے۔ لیکن اس عمل کے دوران کوئل کے بچے اپنے جسم کو مسلسل مرتعش یعنی Vibrate

کرتے رہتے ہیں جس کی وجہ سے نہ چاہتے ہوئے بھی کبھی کبھی کوّے کے بچے گھونسلے سے باہر گر جاتے ہیں۔

کوّے کے علاوہ اس دنیا میں کئی ایسے جاندار ہیں جو دوسرے جانوروں کے بچوں کی خاطر اپنے بچوں کی خدمت بھی کبھی کبھی پس پشت ڈال دیتے ہیں۔ کوئل اور کوّے کے اِس ڈرامے میں بھی ہم یہی طرز خدمت دیکھ سکتے ہیں۔ ان کے پروان چڑھنے میں کوئی کجی باقی نہیں رہتی۔ زندگی کا ایک عرصہ مل جُل کر گزارنے کے باوجود ان کے عادات و اطوار ایک دوسرے پر اثر انداز نہیں ہوتے۔ ان دو پرندوں کے ایک دوسرے سے متصل دورِ حیات کے باوجود دونوں پرندوں کی زندگی پُر سکون اور مکمل ہوتی ہے۔

***

پرندے: مختلف مذاہب میں

پرندے عرصہ دراز سے انسانوں کو اپنے خوبصورت رنگ، اٹھکیلیاں کرتی حرکت اور حیرت میں ڈالنے والی پرواز سے متاثر کر رہے ہیں۔ شاید اسی لئے مختلف اقوام نے اپنی مذہبیات کی بنیاد پرندوں پر رکھی ہے۔ بعض اقوام تخلیق کائنات کے لئے ذمہ دار پرندوں ہی کو گردانتے ہیں۔ اسی لئے ان اقوام کی تہذیب اور آرٹ میں ہمیں پرندے جابجا نظر آتے ہیں۔ بعض ممالک میں پرندوں کو آزادی، عقلمندی اور امید کا نشان تصور کیا جاتا ہے۔

قدیم دور کے انسان یہ تصور کرتے تھے کہ انسان کسی نہ کسی جاندار سے پیدا ہوا ہے لیکن اکثر افراد یا اس زمانے کے دانشور کسی ایک بات پر متفق نہیں ہونے پائے کہ وہ کون سا جاندار ہے۔ کچھ دانشوروں کا احساس ہے کہ دنیا میں ہر طرف پانی تھا، تاریکی تھی اور ہر شئے خاموش تھی دنیا روشنی اور آواز سے ناواقف تھی ایسے میں اچانک پانی کی سطح پر ایک بڑا پہاڑ نمودار ہوا جسکے کنارے ایک مینڈک بیٹھا ہوا تھا، اس مینڈک نے فوری انڈے دیئے اور پھر دیکھتے ہی دیکھتے ان انڈوں سے ایک پرندہ (Goose) برآمد ہوا جس نے نہایت زور سے نہ صرف شور مچایا بلکہ اپنے جسم سے خاص روشنی کو بھی خارج کیا۔ اس روشنی کے باعث ساری دنیا جگمگانے لگی ورنہ اس سے قبل یہ دنیا روشنی اور آواز سے محروم تھی اس کے بعد اسی پرندے نے ساری مخلوقات کو پیدا کیا جس میں انسان بھی شامل ہے۔ مصری قوم سورج دیوتا "را" (Ra) کو مانتی ہے جو ایک انڈے سے پرندے کی شکل میں باہر آیا اور ساری دنیا کو اپنی فرصت سے پیدا کیا۔ یہ پرندہ باز کی شکل کا تھا۔ آسٹریلیائی

قوم کے مطابق دنیا دو پرندوں کی مشترکہ کوششوں کا نتیجہ ہے جس میں ایک نے ساری مخلوق اور زمین کو پیدا کیا اور دوسرے پرندے نے پانی اور تمام نباتات وغیرہ کو تخلیق کیا۔ Melanesian قوم کا خیال ہے کہ یہ دنیا دو پرندوں نے پیدا کی لیکن ان میں ایک بے وقوف تھا۔ جس نے بنجر زمین کو پیدا کیا جبکہ عقل پرندے نے زرخیز زمین کو بنایا۔ Polynesians اس دنیا کو فرضی پرندے Taaroa سے پیدا شدہ سمجھتی ہے اور رشیا (Russia) کی عوام میں بھی تخلیق کائنات سے متعلق دو پرندوں کی کہانی ہی مقبول ہے جس میں ایک سفید اور دوسرا کالا تھا۔ ایک نے زمین پیدا کی اور دوسرے نے مخلوق بسائی۔ ہندوستانی تہذیب میں Garuda ایک مقدس پرندہ ہے جس کا آدھا جسم انسان کا آدھا جسم پرندے کا ہے۔ بعض اقوام کچھ پرندوں جیسے الو، کوا وغیرہ کی منحوس خیال کرتی ہیں اور بعض پرندوں جیسے عقاب مور وغیرہ کی پرستش کرتی ہیں۔ قدیم امریکہ میں الو کی پوجا ہوتی تھی۔ روم میں زہرہ کے عقاب اور اوڈین کے کوے کو اہمیت حاصل تھی۔ برطانیہ میں کوے کا احترام کیا جاتا ہے کیونکہ ان کے عقیدے کے مطابق کنگ آرتھر کوے کی شکل میں آج بھی موجود ہے۔ توریت اور بائبل میں پرندوں کا تفصیل سے ذکر موجود ہے کہ خالق نے انہیں عمل تخلیق کے پانچویں یوم بنایا۔

قدیم زمانے سے یہ احساس چلا آرہا ہے کہ پرندے ہماری موسیقی کو نغمگی اور سرور، ہماری تقریر کو حکمت وجامعیت، ہماری شاعری کو موزونیت اور ہماری امیدوں کو پنکھ عطا کرتے ہیں اسی لئے ہم عقلمندی کو ہدہد سے منسوب کرتے ہیں، الو سے بے تکلفی سیکھتے ہیں اور خود پسندی وجذبہ نمائش کے لئے مور کو یاد کرتے ہیں۔ جیسے کہ بیان کیا جاچکا ہے پرندے قدیم زمانے سے انسانوں کے لئے دلچسپی اور حیرت کا موضوع رہے ہیں اسی لئے وہ ان سے کئی کام لیتا رہا ہے۔ قدیم یونان، مصر اور روم میں پرندوں بالخصوص کبوتر کی حیثیت پیامبر کی تھی جن سے وہ اکثر بیشتر کام لیا کرتے کیونکہ یہ پرندے راستہ نہیں

بھولتے اور نہایت تیزی سے اڑتے ہیں، بطور تجربہ اگر پرندوں کو کسی خاص مقام پر پہنچایا جائے تو بھی پرندے یاداشت کے سہارے واپس اپنے گھر پہنچتے ہیں جو ان کی عجیب وغریب خصوصیت ہے۔ گھر واپس لوٹنے کی اس صلاحیت کو سائنسداں جبلت قرار دیتے ہیں جو نسل در نسل ان پرندوں میں منتقل ہوتی رہتی ہے۔

پرندے۔ جن کا ذکر قرآن میں موجود ہے

"کیا یہ لوگ اپنے اوپر اڑتے ہوئے پرندوں کو پر پھیلاتے اور سکیڑتے نہیں دیکھتے، رحمن کے سوائے کوئی نہیں جو انہیں تھامے ہوئے ہے"(سورہ الملک) اس کے علاوہ اللہ تعالی قرآن میں مزید فرماتا ہے کہ "کیا ان لوگوں نے کبھی پرندوں کو نہیں دیکھا کہ فضائے آسمان میں کس طرح مسخر ہیں، اللہ کے سوا کس نے ان کو تھام رکھا ہے۔"(النحل) یہ آیات خدا کی نشانیوں کو ظاہر کرتی ہیں، پرندوں کا آسمان میں اڑنا خدا کی نشانی ہے اور آسمان میں ان پرندوں کو پرواز کے قابل بنانا اور ان میں مناسب ساخت کا پید ا کرنا خدا کا منصوبہ بند پروگرام ہے جو اس کی خلاقیت کا مظہر ہے۔ اسی لئے اس جیسی نشانیاں نہ صرف پرندوں میں بلکہ روئے زمین کی دوسری مخلوقات میں بھی دکھائی دیتی ہیں، جس کو ہم خدا کے وجود کو ثابت کرنے کے لئے استعمال کرسکتے ہیں اس کے علاوہ خدا اپنے ہر تخلیقی عمل کے اندر اپنی قدرت کو جاری وساری کردیتا ہے اسی لئے ہمیں ہر تخلیق میں خدا کی قدرت بطور عادت نظر آتی ہے اور یہی عادات ہیں جو ہر مخلوق کے رگ و پے میں سمائی ہوئی ہیں اور ان ہی عادات فطرت کے مطالعہ کو سائنس کہا جاتا ہے اسی لئے سائنس کا مطالعہ نہ صرف قاری کے دل پر اثر کرتا ہے، انسان کو راہ راست بتاتا ہے بلکہ اس کے اندر خدا کی ہستی کے احساس کو اور بھی گہرا کردیتا ہے۔

***